鍛えチャイナ会話力！

これを中国語でどう言うの？

CD付（日本語・中国語 収録）

船田秀佳 著

駿河台出版社

カバーデザイン：小熊未央

はじめに

　中国語の発音と基本的な語法及び構文を身につけたあとは，使える中国語の文を大量に頭の中に流し込むのが，中国語を聞き，話すためにはどうしても必要になってきます。受け身一辺倒の中国語の勉強は，もうとっくに過去のものとなってしまったことは言うまでもありません。
　では，どのようにしたら効果的に中国語を頭に入れることができるでしょうか。ポイントは二つあるように思われます。

　第一は，Notional Category，表現文法，発想別表現，機能別表現など，さまざまな名称で呼ばれるように，文が使われる場面や状況別に整理された基本表現をまず記憶することです。
　本書は発信型の中国語を習得するために，このような考え方を取り入れました。しかも例文は，基本的なものに加えて，いわゆる生きた中国語ですから，辞書を引いてもすんなりとは出てこないものばかりです。日本語のアイデアを中国語ではどのように表現すればいいのかという点から得るものが多いと思われます。

　第二は，毎日，大量の中国語を読むことです。映画のシナリオ，漫画，新聞など何でもかまいません。活字から目を離さないことが重要です。そうすれば，読む過程で，発想別に表現が次第に記憶されていくことに気づくでしょう。これが実感できればしめたものです。目にする中国語は音として頭の中に流れ込んでいくようになります。「会話の上達に読むことは関係ない」といった考え方が，誤りであることが納得できるまで，がむしゃらに中国語を読むようにしてください。

　もちろん，中国語を聞くことも大切です。ＣＤ教材はもちろんですが，

テレビ，映画，ラジオから流れる中国語にも耳を傾けてください。「アウトプットの前にインプット」という姿勢を忘れないでほしいと思います。

また，グローバル語としての英語にも興味がある方は，私の『迷わず話せる英会話フレーズ集』（駿河台出版社），『英語と日本人～なぜ英語ができない～』（英友社）もあわせてお読みいただければと思います。どちらも大学の授業で用いていますが，大変好評です。

最後に本書の出版には，井田洋二取締役社長，編集部の猪腰くるみさんに、また、中国語の校閲及び録音では陳浩先生，梁月軍先生に大変お世話になりました。ここに心からの感謝の意を述べたいと思います。

合掌

船田秀佳

目　　次

はじめに ……………………………………………………………… 3
本書の活用法 ………………………………………………………… 6

発音編 ……………………………………………………………… 7

会話表現編

Ⅰ　基本表現

1　あいさつ …………………… 16
　　出会いのあいさつ／別れのあいさつ
2　名前 ………………………… 21
3　年齢 ………………………… 24
4　出身 ………………………… 27
5　住まい ……………………… 29
6　家族 ………………………… 32
7　交通機関 …………………… 37
　　バス／電車／タクシー
8　食事 ………………………… 42
9　買物 ………………………… 46
10　時間 ………………………… 49
11　電話 ………………………… 54
　　電話に出る／本人不在／
　　電話をかける／取次ぎ
12　感情 ………………………… 58
　　喜び／怒り／悲しみ／驚き／
　　同情／感謝／謝罪
13　体調 ………………………… 66
14　聞き返し …………………… 69
15　あいづち …………………… 71
16　予定 ………………………… 74
17　欲求 ………………………… 76
18　許可 ………………………… 78
19　提案 ………………………… 80
20　依頼 ………………………… 82
21　トラブル …………………… 84
22　日本語独特の表現 ………… 86

Ⅱ　会話の幅を広げる表現

1　学業 ………………………… 90
2　中国語 ……………………… 94
3　仕事 ………………………… 99
4　恋愛・結婚 ……………… 104
5　テレビ …………………… 108
6　映画・音楽 ……………… 111
7　自動車 …………………… 114
8　スポーツ ………………… 117
9　天気 ……………………… 120
10　ファッション …………… 124
11　中国 ……………………… 126
12　日本 ……………………… 129
13　中国人と会話する ……… 131
　　中国人から聞かれる／中国人に
　　聞く／中国で中国人に質問され
　　る場合
14　性格 ……………………… 133

キーワード索引 …………………………………………………… 135

本書の活用法

　本書では「**日本語のアイデアを中国語ではどう表現するか**」が一貫したテーマになっています。そのために例文は，通常の会話表現とはやや趣の異なるものを多く取り入れました。

　例文は，使われている状況を絵として頭にリアルに描きながら，ＣＤを利用して丸ごと暗記してください。
その際，例文を見ただけで，ＣＤの音が頭の中で流れ出すのを到達目標として，次の４つのステップを踏むとよいでしょう。

　　　　＜１＞　例文を見ながらＣＤのあとにつけて音読する。
　　　　＜２＞　例文を見ながら筆写する。
　　　　＜３＞　例文を見ないでディクテーションをする。
　　　　＜４＞　日本語文を見てすぐに中国語で言ってみる。

　何度も繰り返すことが必要です。最低でも50回は反復練習してください。途中で投げ出してはいけません。あせらずコツコツと続けることが大切です。
　本書では単語にカタカナが付けてあります。カタカナで音を正確に表記することはできませんので，あくまでも参考程度にとどめて，耳と口を使って生の音を脳に染み込ませるようにしてください。健闘を祈ります。

発音編

1　声調

声調とは漢字ひとつひとつにある，音の上げ下げの調子のことです。基本的には4種類ありますから，四声とも言われています。

第1声	第2声	第3声	第4声
高く平ら	急に上昇	出だし低く徐々に上昇	一気に下降
mā	má	mǎ	mà
妈	麻	马	骂

● aの上に付いている［ - ˊ ˇ ˋ ］を声調記号と言います。

2　母音

1　基本7母音
◇　単母音

　　a　　　：口を大きく開けて《ア》
　　o　　　：唇を丸めて《オ》
　　e　　　：唇を左右に引き《エ》の状態で《オ》
　　i (yi)　：唇を左右に引き力を入れて《イ》
　　u (wu)：唇を丸めて突き出して《ウ》
　　ü (yu)：唇をすぼめて《ユ》の状態で《イ》
　　er　　 ：舌をそりあげて《アール》
　　　　●（　）は前に子音が来ないときの綴りです。

練習　これらの音に声調を添えて発音練習しましょう

(1) ā　　á　　ǎ　　à　　(2) ō　　ó　　ǒ　　ò
(3) ē　　é　　ě　　è　　(4) ī　　í　　ǐ　　ì
(5) ū　　ú　　ǔ　　ù　　(6) ǖ　　ǘ　　ǚ　　ǜ
(7) ēr　　ér　　ěr　　èr

8

2　複合母音

複合母音とは，単母音が連続しているものです。単母音の途中で切れることなく後ろの音に移行してください。

◇　二重母音

(1) ai　(2) ei　(3) ao　(4) ou　(5) ia (ya)　(6) ie (ye)
(7) ua (wa)　(8) uo (wo)　(9) üe (yue)

◇　三重母音

(1) iao (yao)　(2) iou (you)　(3) uai (wai)　(4) uei (wei)

● (　) は前に子音が来ないときの綴りです。

3　鼻母音

鼻母音とは，母音のあとに"n"，"ng"を伴ったものです。発音のコツは次の通りです。

◆ n：舌先を上の歯茎に押しあてたまま鼻から息を抜く。
　　「案内」の《ン》の感じ。
(1) an　(2) en　(3) ian (yan)　(4) in (yin)　(5) uan (wan)
(6) uen (wen)　(7) ün (yun)　(8) üan (yuan)

◆ ng：舌は持ち上げず奥で響かせて鼻から息を抜く。
　　「案外」の《ン》の感じ。
(1) ang　(2) eng　(3) iang (yang)　(4) ing (ying)
(5) uang (wang)　(6) ueng (weng)　(7) ong　(8) iong (yong)

● (　) は前に子音が来ないときの綴りです。
● uenの前に子音があるときは，unとなります。

3　軽声

軽く添える感じで短く発音される音があり，軽声と呼ばれています。軽声には声調記号は付けられません。次の例で見てみましょう。

第1声+軽声	māma	妈妈
第2声+軽声	zánmen	咱们
第3声+軽声	jiǎozi	饺子
第4声+軽声	dìdi	弟弟

9

4　子音

　子音とは母音以外の音の総称ですが，唇，歯，舌などの発音器官によって，破裂，摩擦，閉鎖などの現象が生じます。
　中国語の音節は，子音，母音，声調から成り立っていますが，子音は21あります。その子音の中には，b-p, d-t, g-k, j-q, zh-ch, z-cのペアに無気音と有気音の対立が見られます。
　有気音は息をためておいて，一気に破裂させながら吐き出します。英語の"pen", "time", "kite"を発音するときを思い出してください。

	破裂音		破擦音		摩擦音	鼻音	側音
	無気音	有気音	無気音	有気音			
両唇音	b (o)	p (o)				m (o)	
唇歯音					f (o)		
舌尖音	d (e)	t (e)				n (e)	l (e)
舌根音	g (e)	k (e)			h (e)		
舌面音			j (i)	q (i)	x (i)		
そり舌音			zh (i)	ch (i)	sh (i)　r (i)		
舌歯音			z (i)	c (i)	s (i)		

5　アル化音

　そり舌音のrが他の音と結びついたものはr化音と呼ばれています。
　　猫儿 māor：猫　　　这儿 zhèr：ここ
　　玩儿 wánr：遊ぶ　　孩儿 háir：子供
● rの前にあるi, nは発音されません。

10

6 声調変化

2つの音節が連続している語や表現は，表記されている声調と実際の声調とが異なる場合があります。これは声調変化が起きるためです。ただし，声調変化が起きても声調記号は元のままです。

次の声調変化のルールを覚えておきましょう。

1 第3声の声調変化
  第3声＋第3声 ⇨ 第2声＋第3声

   你好 Nǐ hǎo ⇨ Ní hǎo

   打扫 dǎsǎo ⇨ dásǎo

2 "不"の声調変化
  "不"(bù)＋第4声 ⇨ bú＋第4声

  ◇ "不"(bù) の後ろに第4声が続くと，第4声の (bù) は第2声の (bú) として発音されます。ただし，第1声，第2声，第3声が続いても変化しません。

   不累 bù lèi ⇨ bú lèi

   不是 bù shì ⇨ bú shì

3 "一"の声調変化
(1) "一"(yī)＋第4声／軽声 ⇨ yí＋第4声／軽声

  一定 yídìng 一个 yí ge

(2) "一"(yī)＋第1, 2, 3声 ⇨ "一"(yì)＋第1, 2, 3声

  一天 yì tiān 一年 yì nián 一点 yì diǎn

● "一"が序数や基数のときは変化しません。

7 声調記号の付け方

声調記号は次のルールに従って付けられます。

1．aがあればaに付ける。gāo, hái
2．aがないときは，e, oに付ける。kěn, duō
3．i, uが並列するときは，qiú, duìのように後ろの音に付ける。
4．iに付けるときは，上の点 (·) を取って，ī í ǐ ìのように付ける。

中国語音節表

子音\母音	a	o	e	i	er	ai	ei	ao	ou	an	en	ang	eng	ong	i	ia	iao	ie
b	ba	bo				bai	bei	bao		ban	ben	bang	beng		bi		biao	bie
p	pa	po				pai	pei	pao	pou	pan	pen	pang	peng		pi		piao	pie
m	ma	mo	me			mai	mei	mao	mou	man	men	mang	meng		mi		miao	mie
f	fa	fo					fei		fou	fan	fen	fang	feng					
d	da		de			dai	dei	dao	dou	dan		dang	deng	dong	di		diao	die
t	ta		te			tai		tao	tou	tan		tang	teng	tong	ti		tiao	tie
n	na		ne			nai	nei	nao	nou	nan	nen	nang	neng	nong	ni		niao	nie
l	la		le			lai	lei	lao	lou	lan		lang	leng	long	li	lia	liao	lie
g	ga		ge			gai	gei	gao	gou	gan	gen	gang	geng	gong				
k	ka		ke			kai		kao	kou	kan	ken	kang	keng	kong				
h	ha		he			hai	hei	hao	hou	han	hen	hang	heng	hong				
j															ji	jia	jiao	jie
q															qi	qia	qiao	qie
x															xi	xia	xiao	xie
zh	zha		zhe	zhi		zhai	zhei	zhao	zhou	zhan	zhen	zhang	zheng	zhong				
ch	cha		che	chi		chai		chao	chou	chan	chen	chang	cheng	chong				
sh	sha		she	shi		shai	shei	shao	shou	shan	shen	shang	sheng					
r			re	ri				rao	rou	ran	ren	rang	reng	rong				
z	za		ze	zi		zai	zei	zao	zou	zan	zen	zang	zeng	zong				
c	ca		ce	ci		cai		cao	cou	can	cen	cang	ceng	cong				
s	sa		se	si		sai		sao	sou	san	sen	sang	seng	song				
	a	o	e		er	ai	ei	ao	ou	an	en	ang			yi	ya	yao	ye

iou	ian	in	iang	ing	iong	u	ua	uo	uai	uei	uan	uen	uang	ueng	ü	üe	üan	ün
	bian	bin		bing		bu												
	pian	pin		ping		pu												
miu	mian	min		ming		mu												
						fu												
diu	dian			ding		du		duo		dui	duan	dun						
	tian			ting		tu		tuo		tui	tuan	tun						
niu	nian	nin	niang	ning		nu		nuo			nuan				nü	nüe		
liu	lian	lin	liang	ling		lu		luo			luan	lun			lü	lüe		
						gu	gua	guo	guai	gui	guan	gun	guang					
						ku	kua	kuo	kuai	kui	kuan	kun	kuang					
						hu	hua	huo	huai	hui	huan	hun	huang					
jiu	jian	jin	jiang	jing	jiong										ju	jue	juan	jun
qiu	qian	qin	qiang	qing	qiong										qu	que	quan	qun
xiu	xian	xin	xiang	xing	xiong										xu	xue	xuan	xun
						zhu	zhua	zhuo	zhuai	zhui	zhuan	zhun	zhuang					
						chu		chuo	chuai	chui	chuan	chun	chuang					
						shu	shua	shuo	shuai	shui	shuan	shun	shuang					
						ru		ruo		rui	ruan	run						
						zu		zuo		zui	zuan	zun						
						cu		cuo		cui	cuan	cun						
						su		suo		sui	suan	sun						
you	yan	yin	yang	ying	yong	wu	wa	wo	wai	wei	wan	wen	wang	weng	yu	yue	yuan	yun

会話表現編
I
〈基本表現〉

1 あいさつ

出会いのあいさつ

1 こんにちは（おはようございます／こんばんは）。

你 好。
Nǐ hǎo.
ニー ハオ

2 こんにちは（おはようございます／こんばんは）。

［相手に敬意を表すとき。］

您 好。
Nín hǎo.
ニン ハオ

3 こんにちは（おはようございます／こんばんは）。

［相手が複数のとき。ただし"您们好。"という言い方はない。］

你们 好。
Nǐmen hǎo.
ニーメン ハオ

4 おはようございます。

你 早。
Nǐ zǎo.
ニー ツァオ

5 こんにちは。

★ 下午：午後

下午 好。
Xiàwǔ hǎo.
シャーウー ハオ

6 こんばんは。

★ 晚上：晚, 夜

晚上 好。
Wǎnshang hǎo.
ワンシャン ハオ

7 お久しぶりですね。

★ 好久：長い間

好久 没 见 了。
Hǎojiǔ méi jiàn le.
ハオチュウ メイ チエン ラ

好久 不 见 了。
Hǎojiǔ bú jiàn le.
ハオチュウ プー チエン ラ

8　3ヶ月ぶりですね。

三 个 月 没 见 了。
Sān ge yuè méi jiàn le.
サン ガ ユエ メイ チエン ラ

9　最近何か変わったことでもありましたか。

最近 有 什么 变化 吗?
Zuìjìn yǒu shénme biànhuà ma?
ツイチン ヨウ シェンマ ピエンフア マ

10　最近何かいい話はありますか。

最近 有 什么 好 事儿 吗?
Zuìjìn yǒu shénme hǎo shìr ma?
ツイチン ヨウ シェンマ ハオ シャー マ

11　何もありません。

什么 也 没 有。
Shéme yě méi yǒu.
シェンマ イエ メイ ヨウ

12　最近どうですか。

最近 怎么样?
Zuìjìn zěnmeyàng?
ツイチン ツェンマヤン

13　元気ですか。

你 好 吗?
Nǐ hǎo ma?
ニー ハオ マ

14　元気です。

　　["我"は省略してもよい。]

我 很 好。
Wǒ hěn hǎo.
ウォー ヘン ハオ

15　まあまあです。

　　★ 还:まずまず

还 好。
Hái hǎo.
ハイ ハオ

16　相変わらずです。

　　★ 老:変わりのない
　　★ 样子:様子，状況

老 样子。
Lǎo yàngzi.
ラオ ヤンツ

17　あまりよくありません。

　　★ 不 太…:あまり…ではない

不 太 好。
Bú tài hǎo.
プー タイ ハオ

あいさつ
名前
年齢
出身
住まい
家族
交通機関
食事
買物
時間
電話
感情
体調
聞き返し
あいづち
予定
欲求
許可
提案
依頼
トラブル
日本語独特の表現

17

18 お知り合いになれてうれしいです。

 ★ 认识：見知る
 ★ 高兴：うれしい

认识 你 很 高兴。
Rènshi nǐ hěn gāoxìng.
レンシー ニー ヘン カオシン

19 こちらこそお知り合いになれてうれしいです。

 ★ 也：…も

认识 你 我 也 很 高兴。
Rènshi nǐ wǒ yě hěn gāoxìng.
レンシー ニー ウォー イエ ヘン カオシン

20 やっと会えました。

 ★ 终于：やっと

终于 见到 你 了。
Zhōngyú jiàndào nǐ le.
チョンイー チエンタオ ニー ラ

別れのあいさつ

21 さようなら。

再见。
Zàijiàn.
ツァイチエン

22 また明日。

明天 见。
Míngtiān jiàn.
ミンティエン チエン

23 ではあとで。

一会儿 见。
Yíhuìr jiàn.
イーフア チエン

 ★ 一会儿：まもなく，すぐに
 ★ 回头：あとで，のちほど

回头 见。
Huítóu jiàn.
フイトウ チエン

24 それでは今晩8時に。

 ★ 那么：それでは

那么 今晚 八 点 见。
Nàme jīnwǎn bā diǎn jiàn.
ナーマ チンワン パー ティエン チエン

25 それでは今晩8時に北京駅で。

那么 今晚 八 点 在 北京站 见。
Nàme jīnwǎn bā diǎn zài Běijīngzhàn jiàn.
ナーマ チンワン パー ティエン ツァイ ペイチンチャン チエン

26 近いうちに会いましょう。

★ 过：(時間が) 過ぎる
[後者は，会うことがほぼ決まっているときの表現]

以后 见。
Yǐhòu jiàn.
イーホウ チエン

过 几 天 见。
Guò jǐ tiān jiàn.
クォ チー ティエン チエン

27 近いうちにまたどこかで会いましょう。
★ 找：探す
★ 地方：場所
★ 再：再び
[未来を表す語句があるので，"再"と"见"は独立した意味となる]

过 几 天 找 个 地方 再 见 吧。
Guò jǐ tiān zhǎo ge dìfang zài jiàn ba.
クォ チー ティエン チャオ ガ ティーファン ツァイ チエン バ

28 お休みなさい。

晚安。
Wǎn'ān.
ワンアン

29 元気でね。

★ 保重：体を大事にする

请 多 保重。
Qǐng duō bǎozhòng.
チン トゥオー パオチョン

30 あなたも元気でね。

你 也 多 保重。
Nǐ yě duō bǎozhòng.
ニー イエ トゥオー パオチョン

31 寒いから風邪をひかないようにね。
★ 感冒：風邪をひく

天 冷 别 感冒 了。
Tiān lěng bié gǎnmào le.
ティエン ラン ピエ カンマオ ラ

32 こちらから連絡します。

我 跟 你 联系。
Wǒ gēn nǐ liánxì.
ウォー ケン ニー リエンシー

★ 联系：連絡する

33 電話かメールをください。

给 我 打 电话 或者 发 短信。
Gěi wǒ dǎ diànhuà huòzhě fā duǎnxìn.
ケイ ウォー ター ティエンフア
フオチャー ファー トゥアンシン

★ 打：発信する
★ 或者：あるいは
★ 发：出す
★ 短信：（携帯電話などの）ショートメール

34 陳さんによろしくお伝えください。

请 向 陈 先生 问好。
Qǐng xiàng Chén xiānsheng wènhǎo.
チン シャン チェン シエンシェン
ウェンハオ

★ 问好：ご機嫌を伺う

35 行ってらっしゃい。

去 吧。
Qù ba.
チー バ

2 名　　前

36 お名前（姓）は？

　　★　貴姓：ご芳名

您 贵姓?
Nín guìxìng?
ニン クイシン

37 お名前（姓）は？

　　★　姓：姓は…である

你 姓 什么?
Nǐ xìng shénme?
ニー シン シェンマ

38 私は王と申します。

我 姓 王。
Wǒ xìng Wáng.
ウォー シン ワン

39 お名前は？

　　★　叫：(名前は)…という
　　★　名字：名前（フルネーム）

你 叫 什么 名字?
Nǐ jiào shénme míngzi?
ニー チャオ シェンマ ミンツ

40 私は王美齢と申します。

我 叫 王 美龄。
Wǒ jiào Wáng Měilíng.
ウォー チャオ ワン メイリン

41 私は姓が王で名は美齢です。

★　名字：名前（ファーストネーム）

我 姓 王, 名字 叫 美龄。
Wǒ xìng Wáng, míngzi jiào Měilíng.
ウォー シン ワン ミンツ チャオ メイリン

42 中国で一番多い姓は何ですか。

中国 最 多 的 姓 是 什么?
Zhōngguó zuì duō de xìng shì shénme?
チョングオ ツイ トゥオー ダ シン シー シェンマ

43	王は中国ではありふれた姓です。	王 在 中国 是 常见 的 姓。 Wáng zài Zhōngguó shì chángjiàn de xìng. ワン ツァイ チョングオ シー チャン チエン ダ シン
	★ "常见"：よく見かける	
44	あなたの名前は誰がつけてくれたのですか。	你 的 名字 是 谁 起 的? Nǐ de míngzi shì shéi qǐ de? ニー ダ ミンツ シー シェイ チー ダ
	★ "起"：名前を付ける	
45	私の名前は中国語ではどう書きますか。	我 的 名字 用 汉语 怎么 写? Wǒ de míngzi yòng Hànyǔ zěnme xiě? ウォー ダ ミンツ ヨン ハンイー ツェンマ シエ
	★ 写：書く	
46	私の名前は中国語ではどう発音しますか。	我 的 名字 用 汉语 怎么 发音? Wǒ de míngzi yòng Hànyǔ zěnme fāyīn? ウォー ダ ミンツ ヨン ハンイー ツェンマ ファーイン
	★ 发音：発音する	
47	欧米人の姓は後に来ます。	欧美人 的 姓 在 后边。 Ōuměirén de xìng zài hòubian. オウメイレン ダ シン ツァイ ホウピエン
48	日本人と中国人の姓は先に来ます。	日本人 和 中国人 的 姓 在 前边。 Rìběnrén hé Zhōngguórén de xìng zài qiánbian. リーペンレン ハー チョングオレン ダ シン ツァイ チエンピエン

49 中国には姓名判断はありますか。

中国 有 姓名 判断 吗?
Zhōngguó yǒu xìngmíng pànduàn ma?
チョングオ ヨウ シンミン パントゥアン マ

50 私は姓名判断を信じていません。

我 不 相信 姓名 判断。
Wǒ bù xiāngxìn xìngmíng pànduàn.
ウォー プー シャンシン シンミン パントゥアン

★ 相信：信じる

3 年　　齢

51　あなたは何年生まれですか。

你 是 哪 年 出生 的?
Nǐ shì nǎ nián chūshēng de?
ニー シー ナー ニエン チューシェン ダ

★ 出生：生まれる

52　私は1987年生まれです。

我 是 一九八七 年 出生 的。
Wǒ shì yījiǔbāqī nián chūshēng de.
ウォー シー イーチュウパーチー ニエン チューシェン ダ

53　あなたの生年月日はいつですか。

你 是 哪 年 哪 月 哪 号 出生 的?
Nǐ shì nǎ nián nǎ yuè nǎ hào chūshēng de?
ニー シー ナー ニエン ナー ユエ ナー ハオ チューシェン ダ

54　私は1956年12月13日生まれです。

我 是 一九五六 年 十二月 十三 号 出生 的。
Wǒ shì yījiǔwǔliù nián shí'èryuè shísān hào chūshēng de.
ウォー シー イーチュウウーリュウ ニエン シーアーユエ シーサン ハオ チューシェン ダ

55　あなたは平成何年生まれですか。

你 是 平成 哪 年 出生 的?
Nǐ shì píngchéng nǎ nián chūshēng de?
ニー シー ピンチェン ナー ニエン チューシェン ダ

56 私は平成6年生まれです。

我 是 平成 六 年 出生 的。
Wǒ shì píngchéng liù nián chūshēng de.
ウォー シー ピンチェン リュウ ニエン チューシェン ダ

57 あなたの年を聞いてもいいですか。

★ 问：尋ねる
★ 年纪：年齢

可 不 可以 问 你 的 年纪?
Kě bu kěyǐ wèn nǐ de niánjì?
カー プー カーイー ウェン ニー ダ ニエンチー

58 おいくつですか。

［年長者に尋ねるとき。］

您 多 大 年纪 了?
Nín duō dà niánjì le?
ニン トゥオー ター ニエンチー ラ

59 おいくつですか。

［大人，青少年に尋ねるとき。］

你 多 大 了?
Nǐ duō dà le?
ニー トゥオ ター ラ

60 いくつですか。

［子供に尋ねるとき。］

你 几 岁 了?
Nǐ jǐ suì le?
ニー チー スイ ラ

61 私は来月25歳になります。

我 到 下月 二十五 岁 了。
Wǒ dào xiàyuè èrshiwǔ suì le.
ウォー タオ シャーユエ アーシーウー スイ ラ

62 私はもうすぐ40歳になります。

★ 就 要…了：もうすぐ…である
　　［"马上"（直ちに）と併用され，差し迫った感じを表す］

我 马上 就 要 四十 岁 了。
Wǒ mǎshàng jiù yào sìshí suì le.
ウォー マーシャン チュウ ヤオ スーシー スイ ラ

63 私は30歳になったばかりです。

★ 刚：…したばかりである

我 刚 到 三十 岁。
Wǒ gāng dào sānshí suì.
ウォー カン タオ サンシー スイ

あいさつ
名前
年齢
出身
住まい
家族
交通機関
食事
買物
時間
電話
感情
体調
聞き返し
あいづち
予定
欲求
許可
提案
依頼
トラブル
日本語独特の表現

64 私はあなたと同じ18歳です。

我 跟 你 一样 十八 岁。

Wǒ gēn nǐ yíyàng shíbā suì.
ウォー ケン ニー イーヤン
シーパー スイ

★ 跟…一样：…と同じである

65 私の誕生日は3月18日です。

我 的 生日 是 三月 十八 号。

Wǒ de shēngrì shì sānyuè shíbā hào.
ウォー ダ シェンリー シー サンユエ
シーパー ハオ

★ 生日：誕生日

66 私の誕生日は董俐と同じです。

我 的 生日 跟 董 俐 一样。

Wǒ de shēngrì gēn Dǒng Lì yíyàng.
ウォー ダ シェンリー ケン トン
リー イーヤン

67 彼は60歳には見えません。

他 看起来 不 像 六十 岁。

Tā kànqǐlai bú xiàng liùshí suì.
ター カンチーライ プー シャン
リュウシー スイ

★ 看起来：見たところ…
★ 像：…のようである

68 彼女は30歳で通ります。

说 她 三十 岁 也 有 人 相信。

Shuō tā sānshí suì yě yǒu rén xiāngxìn.
シュオー ター サンシー スイ イエ
ヨウ レン シャンシン

69 彼は10歳さばを読んでいます。

他 把 自己 的 年龄 隐瞒了 十 岁。

Tā bǎ zìjǐ de niánlíng yǐnmánle shí suì.
ター パー ツーチー ダ ニエンリン
インマンラ シー スイ

★ "隐瞒"：隠しごまかす

4 出身

70 お国はどちらですか。

你 是 哪 国 人?
Nǐ shì nǎ guó rén?
ニー シー ナー クオ レン

71 私は日本人です。

我 是 日本人。
Wǒ shì Rìběnrén.
ウォー シー リーペンレン

72 私はフランス人です。

我 是 法国人。
Wǒ shì Fǎguórén.
ウォー シー ファークオレン

73 あなたは北京の出身ですか。

你 是 北京人 吗?
Nǐ shì Běijīngrén ma?
ニー シー ペイチンレン マ

74 私は20歳まで北海道にいました。

★ 呆：とどまる，いる

我 在 北海道 呆到 二十 岁。
Wǒ zài Běihǎidào dāidào èrshí suì.
ウォー ツァイ ペイハイタオ タイタオ アーシー スイ

75 あなたはいつ故郷を離れたのですか。

★ 离开：(場所と)分かれる

你 什么 时候 离开 故乡 的?
Nǐ shénme shíhou líkāi gùxiāng de?
ニー シェンマ シーホウ リーカイ クーシャン ダ

76 私は18歳のとき故郷を離れて京都に行きました。

我 十八 岁 的 时候 离开 故乡 去了 京都。
Wǒ shíbā suì de shíhou líkāi gùxiāng qùle Jīngdū.
ウォー シーパー スイ ダ シーホウ リーカイ クーシャン チーラ チントゥー

77 あなたの故郷にはどんな有名な観光名所がありますか。

★ 有名：有名である
★ 景点：観光名所

你 的 故乡 有 什么 有名 的 景点?
Nǐ de gùxiāng yǒu shénme yǒumíng de jǐngdiǎn?
ニー ダ クーシャン ヨウ シェンマ ヨウミン ダ チンティエン

78 あなたの故郷の特産品は何ですか。

★ 特产：特産品

你 故乡 的 特产 是 什么?
Nǐ gùxiāng de tèchǎn shì shénme?
ニー クーシャン ダ ターチャン シー シェンマ

79 私の故郷は有名なリンゴの産地です。

我 的 故乡 是 有名 的 苹果 产地。
Wǒ de gùxiāng shì yǒumíng de píngguǒ chǎndì.
ウォー ダ クーシャン シー ヨウミン ダ ピンクオ チャンティー

80 あなたの故郷はどこですか。

★ "老家"："故乡"より口語的な言い方。

你 老家 是 哪里?
Nǐ lǎojiā shì nǎli?
ニー ラオチャー シー ナーリ

81 私の故郷は岐阜県高山市です。

我 老家 是 岐阜 县 高山 市。
Wǒ lǎojiā shì Qífù xiàn Gāoshān shì.
ウォー ラオチャー シー チーフー シエン カオシャン シー

5 住まい

82 どちらにお住まいですか。

★ 住：住む

你 住 在 哪儿?
Nǐ zhù zài nǎr?
ニー チュー ツァイ ナー

83 私は天津に住んでいます。

我 住 在 天津。
Wǒ zhù zài Tiānjīn.
ウォー チュー ツァイ ティエンチン

84 私はアパートに住んでいます。

★ 公寓：アパート

我 住 在 公寓。
Wǒ zhù zài gōngyù.
ウォー チュー ツァイ コンイー

85 私は駐車場付のアパートに住んでいます。

★ 停车场：駐車場

我 住 在 有 停车场 的 公寓。
Wǒ zhù zài yǒu tíngchēchǎng de gōngyù.
ウォー チュー ツァイ ヨウ ティンチャーチャン ダ コンイー

86 私は2LDKのマンションに住んでいます。

★ 高级 公寓：マンション
★ 厅：リビング

我 住 在 两 室 一 厅 的 高级 公寓。
Wǒ zhù zài liǎng shì yì tīng de gāojí gōngyù.
ウォー チュー ツァイ リャン シー イー ティン ダ カオチー コンイー

87 私は3LDKのマンションに一人で住んでいます。

我 一 个 人 住 在 三 室 一 厅 的 高级 公寓。
Wǒ yí ge rén zhù zài sān shì yì tīng de gāojí gōngyù.
ウォー イー ガ レン チュー ツァイ サン シー イー ティン ダ カオチー コンイー

88	家賃はいくらですか。	**房租 是 多少?**
		Fángzū shì duōshao?
	★ 房租：家賃	ファンツー シー トゥオシャオ

89	家賃は月85,000円です。	**房租 每 个 月 八万 五千 日元。**
		Fángzū měi ge yuè bāwàn wǔqiān Rìyuán.
	★ 日元：円	ファンツー メイ ガ ユエ パーワン ウーチエン リーユアン

90	私の家は木造3階建てです。	**我 家 是 木 结构 的 三 层 楼。**
		Wǒ jiā shì mù jiégòu de sān céng lóu.
	★ 结构：構造	ウォー チャー シー ムー チエコウ ダ サン ツァン ロウ

91	私の家は鉄筋コンクリート2階建てです。	**我 家 是 钢筋 水泥 结构 的 二 层 楼。**
		Wǒ jiā shì gāngjīn shuǐní jiégòu de èr céng lóu.
	★ 钢筋：鉄筋 ★ 水泥：セメント	ウォー チャー シー カンチン シュイニー チエコウ ダ アー ツァン ロウ

92	私の家は庭付き一戸建てです。	**我 家 是 带 院子 的 独门 独院。**
	★ 带：…の付いた ★ 院子：中庭 ★ 独门 独院：一戸建ての家	Wǒ jiā shì dài yuànzi de dúmén dúyuàn. ウォー チャー シー タイ ユアンツ ダ トゥーメン トゥーユアン

93	あなたの家は部屋がいくつありますか。	**你 家 有 几 个 房间?**
		Nǐ jiā yǒu jǐ ge fángjiān?
	★ 房间：部屋	ニー チャー ヨウ チー ガ ファンチエン

94 私の家は部屋が8つあります。

我 家 有 八 个 房间。
Wǒ jiā yǒu bā ge fángjiān.
ウォー チャー ヨウ パー ガ ファンチエン

95 私の家は1階に4部屋, 2階に3部屋あります。

我 家 一 楼 有 四 个 房间, 二 楼 有 三 个 房间。
Wǒ jiā yī lóu yǒu sì ge fángjiān, èr lóu yǒu sān ge fángjiān.
ウォー チャー イー ロウ ヨウ スー ガ ファンチエン アー ロウ ヨウ サン ガ ファンチエン

96 私の家は南向きです。

★ 朝:向く

我 家 朝 南。
Wǒ jiā cháo nán.
ウォー チャー チャオ ナン

97 私の家は日当たりがいいです。

★ 采光:採光する

我 家 采光 很 好。
Wǒ jiā cǎiguāng hěn hǎo.
ウォー チャー ツァイクアン ヘン ハオ

6 家族

98 あなたの家は何人家族ですか。

你 家 有 几 口 人?
Nǐ jiā yǒu jǐ kǒu rén?
ニー チャー ヨウ チー コウ レン

★ 口:人の数を数える量詞

99 私の家は6人家族です。

我 家 有 六 口 人。
Wǒ jiā yǒu liù kǒu rén.
ウォー チャー ヨウ リュウ コウ レン

100 私の家は大家族です。

我 家 人口 很 多。
Wǒ jiā rénkǒu hěn duō.
ウォー チャー レンコウ ヘン トゥオー

101 ご家族はみなさんお元気ですか。

你 家里人 都 好 吗?
Nǐ jiālirén dōu hǎo ma?
ニー チャーリレン トウ ハオ マ

★ 家里人:家族

102 あなたは両親と同居ですか。

你 和 父母 一起 住 吗?
Nǐ hé fùmǔ yìqǐ zhù ma?
ニー ハー フームー イーチー チュー マ

★ 一起:一緒に

103 私は母と二人暮らしです。

我 和 母亲 两 人 生活。
Wǒ hé mǔqin liǎng rén shēnghuó.
ウォー ハー ムーチン リャン レン シェンフオ

★ 生活:暮らす

104 私は東京で一人暮らしをしています。

我 在 东京 一 个 人 生活。
Wǒ zài Dōngjīng yí ge rén shēnghuó.
ウォー ツァイ トンチン イー ガ レン シェンフオ

105	ご両親はおいくつですか。	**你 父母 多 大 年纪 了?** Nǐ fùmǔ duō dà niánjì le? ニー フームー トゥオー ター ニエンチー ラ
106	私の父は58歳，母は53歳です。	**我 父亲 五十八 岁，母亲 五十三 岁。** Wǒ fùqin wǔshibā suì, mǔqin wǔshisān suì. ウォー フーチン ウーシーパー スイ ムーチン ウーシーサン スイ
107	私の父と母は同い年で56歳です。	**我 父亲 和 母亲 同岁，五十六 岁。** Wǒ fùqin hé mǔqin tóngsuì, wǔshiliù suì. ウォー フーチン ハー ムーチン トンスイ ウーシーリュウ スイ
108	私の父はガソリンスタンドを経営しています。 ★ 经营：経営する ★ 加油站：ガソリンスタンド	**我 父亲 经营 加油站。** Wǒ fùqin jīngyíng jiāyóuzhàn. ウォー フーチン チンイン チャーヨウチャン
109	私の父は会社が倒産して失業中です。 ★ 公司：会社 ★ 破产：破産する ★ 失业：失業する	**我 父亲 公司 破产 后 失业 了。** Wǒ fùqin gōngsī pòchǎn hòu shīyè le. ウォー フーチン コンスー ポーチャン ホウ シーイエ ラ
110	私の父は5年前に癌で亡くなりました。 ★ 得：(病気に) かかる ★ 去世：亡くなる	**我 父亲 五 年 前 得 了 癌症 去世 了。** Wǒ fùqin wǔ nián qián dé le áizhèng qùshì le. ウォー フーチン ウー ニエン チエン ター ラ アイチェン チーシー ラ

111 私の父は先月交通事故で亡くなりました。

★ 遇：遭遇する
★ 车祸：交通事故

我 父亲 上月 遇 车祸 去世 了。
Wǒ fùqin shàngyuè yù chēhuò qùshì le.
ウォー フーチン シャンユエ イー チャーフオ チーシー ラ

112 私の父は去年定年退職しました。

★ 退休：定年退職する

我 父亲 去年 退休 了。
Wǒ fùqin qùnián tuìxiū le.
ウォー フーチン チーニエン トゥイシュウ ラ

113 私の父は定年退職してすでに３年になります。

★ 已经：すでに，もう

我 父亲 退休 已经 三 年 了。
Wǒ fùqin tuìxiū yǐjing sān nián le.
ウォー フーチン トゥイシュウ イーチン サン ニエン ラ

114 私の母は主婦です。

★ 家庭 妇女：主婦

我 母亲 是 家庭 妇女。
Wǒ mǔqin shì jiātíng fùnǚ.
ウォー ムーチン シー チャーティン フーニー

115 私の母は家事が好きです。

★ 喜欢：好きである
★ 做：する
★ 家务：家事

我 母亲 喜欢 做 家务。
Wǒ mǔqin xǐhuan zuò jiāwù.
ウォー ムーチン シーファン ツオ チャーウー

116 私の母は料理が上手です。

★ 菜：料理

我 母亲 做 菜 做得 很 好。
Wǒ mǔqin zuò cài zuòde hěn hǎo.
ウォー ムーチン ツオ ツァイ ツオダ ヘン ハオ

117 私の母はスーパーにパートで勤めています。

★ 超级 市场：スーパーマーケット
★ 打工：アルバイトをする

我 母亲 在 超级 市场 打工。
Wǒ mǔqin zài chāojí shìchǎng dǎgōng.
ウォー ムーチン ツァイ チャオチー シーチャン ターコン

118 私の母は高校で英語を教えています。

★ 教：教える

我 母亲 在 高中 教 英语。
Wǒ mǔqin zài gāozhōng jiāo Yīngyǔ.
ウォー ムーチン ツァイ カオチョン チャオ インイー

119 私の兄は将来医者になりたいと言っています。

★ 当：…になる
★ 想：…したい

我 哥哥 说 将来 想 当 医生。
Wǒ gēge shuō jiānglái xiǎng dāng yīshēng.
ウォー カーカ シュオー チャンライ シャン タン イーシェン

120 私の妹は歌手になりたがっています。

我 妹妹 想 当 歌手。
Wǒ mèimei xiǎng dāng gēshǒu.
ウォー メイメイ シャン タン カーショウ

121 私の弟はサッカーが上手です。

★ 踢：蹴る
★ 足球：サッカー

我 弟弟 踢 足球 踢得 很 好。
Wǒ dìdi tī zúqiú tīde hěn hǎo.
ウォー ティーティ ティー ツーチュウ ティーダ ヘン ハオ

122 私には姉が2人います。

我 有 两 个 姐姐。
Wǒ yǒu liǎng ge jiějie.
ウォー ヨウ リャン ガ チエチェ

123 私には17歳の妹と23歳の兄がいます。

我 有 十七 岁 的 妹妹 和 二十三 岁 的 哥哥。
Wǒ yǒu shíqī suì de mèimei hé èrshisān suì de gēge.
ウォー ヨウ シーチー スイ ダ メイメイ ハー アーシーサン スイ ダ カーカ

124 私は5人姉妹の末っ子です。

我们 姐妹 五 个 我 最 小。
Wǒmen jiěmèi wǔ ge wǒ zuì xiǎo.
ウォーメン チエメイ ウー ガ ウォー ツイ シャオ

125 私は4人兄弟の2番目です。

★ 老：兄弟姉妹の順序を表す語

我们 兄弟 四 个 我 是 老二。

Wǒmen xiōngdì sì ge wǒ shì lǎo èr.
ウォーメン シュンティー スー ガ ウォー シー ラオ アー

7 交通機関

バス

126 バス停はどこにありますか。

公共 汽车 站 在 哪儿?
Gōnggòng qìchē zhàn zài nǎr?
コンコン チーチャー チャン ツァイナー

127 すみません，このバスは北京駅へ行きますか。

对不起，这 辆 公共 汽车 去 北京站 吗?
Duìbuqǐ, zhè liàng gōnggòng qìchē qù Běijīngzhàn ma?
トゥイプチー チャー リャン コンコン チーチャー チー ペイチンチャン マ

★ 辆：車などを数える量詞

128 北京駅はここからいくつめですか。

北京站 从 这儿 数 第 几 站?
Běijīngzhàn cóng zhèr shǔ dì jǐ zhàn?
ペイチンチャン ツォン チャー シューティー チー チャン

★ 数：(数，順序を) 数える

129 北京駅はここから5つめです。

北京站 从 这儿 数 第 五 站。
Běijīngzhàn cóng zhèr shǔ dì wǔ zhàn.
ペイチンチャン ツォン チャー シューティー ウー チャン

130 北京大学行きのバスに乗ってください。

请 坐 去 北京 大学 的 公共 汽车。
Qǐng zuò qù Běijīng Dàxué de gōnggòng qìchē.
チン ツオ チー ペイチン ターシュエ ダ コンコン チーチャー

★ 坐：乗る

131 8番のバスに乗ってください。

★ 路：路線，ルート

请 坐 八 路 公共 汽车。
Qǐng zuò bā lù gōnggòng qìchē.
チン ツオ パー ルー コンコン チーチャー

132 北京駅に行くには8番のバスに乗ってください。

去 北京站 请 坐 八 路 公共 汽车。
Qù Běijīngzhàn qǐng zuò bā lù gōnggòng qìchē.
チー ペイチンチャン チン ツオ パー ルー コンコン チーチャー

133 このバスはどこ行きですか。

这 辆 公共 汽车 去 哪儿?
Zhè liàng gōnggòng qìchē qù nǎr?
チャー リャン コンコン チーチャー チー ナー

134 バスは何分おきに出ていますか。

★ 趟：往復する動作の回数を数える量詞

公共 汽车 几 分钟 一 趟?
Gōnggòng qìchē jǐ fēnzhōng yí tàng?
コンコン チーチャー チー フェンチョン イー タン

電車

135 この電車は普通ですか。

★ 趟：列車などを数える量詞

这 趟 电车 是 普通车 吗?
Zhè tàng diànchē shì pǔtōngchē ma?
チャー タン ティエンチャー シー プートンチャー マ

136 この電車は快速ですか。

这 趟 电车 是 快车 吗?
Zhè tàng diànchē shì kuàichē ma?
チャー タン ティエンチャー シー クァイチャー マ

137 この電車はどこ行きですか。

这 趟 电车 去 哪儿?
Zhè tàng diànchē qù nǎr?
チャー タン ティエンチャー チー ナー

138 この電車は故宮へ行きますか。

这趟电车去故宫吗?
Zhè tàng diànchē qù Gùgōng ma?
チャー タン ティエンチャー チー クーコン マ

139 原宿で降りてください。

请在原宿下车。
Qǐng zài Yuánsù xiàchē.
チン ツァイ ユアンスー シャーチャー

★ 下车：降りる

140 神田で銀座線に乗り換えてください。

请在神田换乘银座线。
Qǐng zài Shéntián huànchéng Yínzuòxiàn.
チン ツァイ シェンティエン フアンチェン インツオシエン

★ 换乘：乗り換える

141 改札口はどこですか。

检票口在哪儿?
Jiǎnpiàokǒu zài nǎr?
チエンピャオコウ ツァイ ナー

142 案内所はどこですか。

问讯处在哪儿?
Wènxùnchù zài nǎr?
ウェンシュンチュー ツァイ ナー

143 切符売り場はどこですか。

售票处在哪儿?
Shòupiàochù zài nǎr?
ショウピャオチュー ツァイ ナー

144 南口を出てください。

请从南口出去。
Qǐng cóng nánkǒu chūqu.
チン ツォン ナンコウ チューチー

145 学割はありますか。

有学生票吗?
Yǒu xuéshēngpiào ma?
ヨウ シュエシェンピャオ マ

タクシー

146 タクシー乗り場はどこですか。

出租车 站 在 哪儿?
Chūzūchē zhàn zài nǎr?
チューツーチャー チャン ツァイ ナー

147 タクシーを呼んでもらえますか。

能 帮 我 叫 出租车 吗?
Néng bāng wǒ jiào chūzūchē ma?
ナン パン ウォー チャオ チューツーチャー マ

★ 帮:「手伝う，助ける」という本来の意味は弱まり，「…のために，代わりに」の意味で用いられている。

★ 叫:（車を）呼ぶ

148 虹橋空港まで行ってください。

请 到 虹桥 机场。
Qǐng dào Hóngqiáo Jīchǎng.
チン タオ ホンチャオ チーチャン

★ 机场:空港

149 ここから虹橋空港までどのくらい時間がかかりますか。

从 这儿 到 虹桥 机场 要 多 长 时间?
Cóng zhèr dào Hóngqiáo Jīchǎng yào duō cháng shíjiān?
ツォン チャー タオ ホンチャオ チーチャン ヤオ トゥオー チャン シーチエン

150 ここから虹橋空港までいくらですか。

从 这儿 到 虹桥 机场 多少 钱?
Cóng zhèr dào Hóngqiáo Jīchǎng duōshao qián?
ツォン チャー タオ ホンチャオ チーチャン トゥオシャオ チエン

151 虹橋空港まで急いでください。

★ 开：運転する

请 开 快 点儿 到 虹桥 机场。
Qǐng kāi kuài diǎnr dào Hóngqiáo Jīchǎng.
チン カイ クアイ ティアー タオ ホンチャオ チーチャン

152 次の角を右に曲がってください。
★ 路口：道の交差する所
★ 转：曲がる

请 在 下 个 路口 右 转。
Qǐng zài xià ge lùkǒu yòu zhuǎn.
チン ツァイ シャー ガ ルーコウ ヨウ チュアン

153 直進してください。

★ 一直：まっすぐに

请 一直 走。
Qǐng yìzhí zǒu.
チン イーチー ツォウ

154 この道を直進してください。

★ 条：細長い物を数える量詞

这 条 路 一直 走。
Zhè tiáo lù yìzhí zǒu.
チャー ティャオ ルー イーチー ツォウ

155 銀行の前で停めてください。

★ 停车：停車する

请 在 银行 的 前面 停车。
Qǐng zài yínháng de qiánmian tíngchē.
チン ツァイ インハン ダ チエンミエン ティンチャー

156 北京駅からタクシーで来てください。

请 从 北京站 坐 出租车 来。
Qǐng cóng Běijīngzhàn zuò chūzūchē lái.
チン ツォン ペイチンチャン ツオ チューツーチャー ライ

8 食　　事

157 私は中華料理が食べたいです。

★ 吃：食べる

我 想 吃 中餐。
Wǒ xiǎng chī zhōngcān.
ウォー シャン チー チョンツァン

158 この近くにおすすめの中華料理のレストランはありますか。

★ 餐厅：レストラン

这 附近 有 你 认为 好 的 中 餐厅 吗?
Zhè fùjìn yǒu nǐ rènwéi hǎo de zhōng cāntīng ma?
チャー フーチン ヨウ ニー レンウェイ ハオ ダ チョン ツァンティン マ

159 どこに行けばおいしい広東料理を食べることができますか。

★ 好吃：おいしい

去 哪儿 能 吃到 好吃 的 广东菜?
Qù nǎr néng chīdào hǎochī de Guǎngdōngcài?
チー ナー ナン チータオ ハオ チー ダ クアントンツァイ

160 北京には日本料理店がたくさんあります。

★ 饭馆：料理店，レストラン

北京 有 很 多 日本 饭馆。
Běijīng yǒu hěn duō Rìběn fànguǎn.
ペイチン ヨウ ヘン トゥオー リーペン ファンクアン

161 私は大食いです。

★ 饭量：食事の量

我 饭量 大。
Wǒ fànliàng dà.
ウォー ファンリャン ター

162 私は少食です。

我 饭量 小。
Wǒ fànliàng xiǎo.
ウォー ファンリャン シャオ

163 私は1日に4度食事をします。

★ 顿:食事の動作を数える量詞

我 一 天 吃 四 顿 饭。
Wǒ yì tiān chī sì dùn fàn.
ウォー イー ティエン チー スー トゥン ファン

164 私は食べ物にうるさくありません。

★ 东西:もの
★ 挑剔:けちをつける

我 对 吃 的 东西 不 挑剔。
Wǒ duì chī de dōngxi bù tiāoti.
ウォー トゥイ チー ダ トンシ プー ティャオティ

165 私はファーストフードが嫌いです。

★ 讨厌:嫌う

我 讨厌 快餐 食品。
Wǒ tǎoyàn kuàicān shípǐn.
ウォー タオイエン クアイツァン シーピン

166 自由に食べてください。

★ 随便:自由に

请 随便 吃。
Qǐng suíbiàn chī.
チン スイビエン チー

167 おいしそうですね。

★ 好像:…のようである

好像 很 好吃。
Hǎoxiàng hěn hǎochī.
ハオシャン ヘン ハオチー

168 よだれが出そうです。

★ 口水:よだれ

我 口水 都 要 流出来 了。
Wǒ kǒushuǐ dōu yào liúchūlai le.
ウォー コウシュイ トウ ヤオ リュウチューライ ラ

169 私はお腹がすいています。

★ 肚子:腹
★ 饿:腹のすいた

我 肚子 饿 了。
Wǒ dùzi è le.
ウォー トゥーツ アー ラ

170 私はお腹がすいてたまりません。

★ "坏":ひどく…である 動詞や形容詞の後について程度が高いことを表す。

我 饿坏 了。
Wǒ èhuài le.
ウォー アーフアイ ラ

171 味はどうですか。

味道 怎么样?
Wèidao zěnmeyàng?
ウェイタオ ツェンマヤン

★ 味道：味

172 とてもおいしいです。

很 好吃。
Hěn hǎochī.
ヘン ハオチー

173 おいしくありません。

不 好吃。
Bù hǎochī.
プー ハオチー

174 もうこれ以上食べられません。

已经 不 能 再 吃 了。
Yǐjing bù néng zài chī le.
イーチン プー ナン ツァイ チー ラ

175 私は犬の肉を食べたことがありません。

我 没 吃过 狗肉。
Wǒ méi chīguo gǒuròu.
ウォー メイ チークオ コウロウ

176 ビールを1杯いただきたいのですが。

我 想 要 一 杯 啤酒。
Wǒ xiǎng yào yì bēi píjiǔ.
ウォー シャン ヤオ イー ペイ ピーチュウ

★ 杯：コップなどの容器で数える量詞

177 ギョーザを2皿ください。

请 来 两 盘 饺子。
Qǐng lái liǎng pán jiǎozi.
チン ライ リャン パン チャオツ

★ 来：よこす
★ 盘：皿に盛られた料理を数える量詞

178 あなたはマオタイ酒を飲んだことがありますか。

你 喝过 茅台酒 吗?
Nǐ hēguo máotáijiǔ ma?
ニー ハークオ マオタイチュウ マ

★ 喝：飲む

44 食　事

179 あなたは何が飲みたいですか。

你 想 喝 什么?
Nǐ xiǎng hē shénme?
ニー シャン ハー シェンマ

180 私はシャンパンが好きです。

我 喜欢 喝 香槟酒。
Wǒ xǐhuan hē xiāngbīnjiǔ.
ウォー シーファン ハー シャンピンチュウ

181 乾杯。

干杯。
Gānbēi.
カンペイ

182 皆様のご健康とお幸せを祝して乾杯。

★ 为了:…のために
★ 大家:みなさま

为了 大家 的 健康 和 幸福, 干杯。
Wèile dàjiā de jiànkāng hé xìngfú, gānbēi.
ウェイラ ターチャー ダ チエンカン ハー シンフー カンペイ

9 買　物

183　私は買物が好きです。

★　买：買う

我 喜欢 买 东西。
Wǒ xǐhuan mǎi dōngxi.
ウォー シーファン マイ トンシ

184　あなたはどこで買物をすることが多いですか。

★　经常：いつも

你 经常 在 哪儿 买 东西?
Nǐ jīngcháng zài nǎr mǎi dōngxi?
ニー チンチャン ツァイ ナー マイ トンシ

185　私は友誼商店へよく買物に行きます。

我 经常 去 友谊 商店 买 东西。
Wǒ jīngcháng qù Yǒuyì Shāngdiàn mǎi dōngxi.
ウォー チンチャン チー ヨウイー シャンティエン マイ トンシ

186　私はウインドーショッピングが好きです。

★　浏览：大まかに見る
★　橱窗：ショーウインドー

我 喜欢 浏览 商店 橱窗。
Wǒ xǐhuan liúlǎn shāngdiàn chúchuāng.
ウォー シーファン リュウラン シャンティエン チューチュアン

187　私はこの腕時計を3,000元で買いました。

★　块：①元（貨幣の単位）
　　　　②塊状の物を数える量詞
★　手表：腕時計

我 用 三千 块 买了 这 块 手表。
Wǒ yòng sānqiān kuài mǎile zhè kuài shǒubiǎo.
ウォー ヨン サンチエン クアイ マイラ チャー クアイ ショウピャオ

188 あなたはいつ，どこでこの靴を買いましたか。

你 什么 时候，在 哪儿 买 的 这 双 鞋?
Nǐ shénme shíhou, zài nǎr mǎi de zhè shuāng xié?
ニー シェンマ シーホウ ツァイ ナー マイ ダ チャー シュアン シエ

★ 双：対になった物を数える量詞

189 骨董品は何階ですか。

古董 在 几 楼?
Gǔdǒng zài jǐ lóu?
クートン ツァイ チー ロウ

190 すみません，おもちゃ売り場はどこですか。

请问，卖 玩具 的 地方 在 哪儿?
Qǐngwèn, mài wánjù de dìfang zài nǎr?
チンウェン マイ ワンチュー ダ ティーファン ツァイ ナー

★ 卖：売る

191 見ているだけです。

我 只是 看看。
Wǒ zhǐshì kànkan.
ウォー チーシー カンカン

★ 只是：ただ…だけである

192 少しまけてもらえますか。

能 便宜 点儿 吗?
Néng piányi diǎnr ma?
ナン ピエンイ ティアー マ

★ 便宜：安い

193 もう少しまけてもらえますか。

能 再 便宜 点儿 吗?
Néng zài piányi diǎnr ma?
ナン ツァイ ピエンイ ティアー マ

★ 再：さらに，もっと

194 値段はちょうど手ごろです。

价钱 正 合适。
Jiàqian zhèng héshì.
チャーチエン チェン ハーシー

★ 价钱：値段
★ 正：いいあんばいに
★ 合适：ちょうどよい

195 このネクタイの色が気に入っています。

★ 称心：意にかなう

这 条 领带 的 颜色 很 称心。
Zhè tiáo lǐngdài de yánsè hěn chènxīn.
チャー ティァオ リンタイ ダ イエンサー ヘン チェンシン

196 このセーターのデザインが気に入っています。

★ 件：衣類などを数える量詞
★ 设计：デザイン

这 件 毛衣 的 设计 很 称心。
Zhè jiàn máoyī de shèjì hěn chènxīn.
チャー チエン マオイー ダ シェーチー ヘン チェンシン

197 これ返品できますか。

★ 退：返す

这个 能 退 吗?
Zhège néng tuì ma?
チャーガ ナン トゥイ マ

198 領収書はありますか。

有 收据 吗?
Yǒu shōujù ma?
ヨウ ショウチュー マ

10 時　間

199 そろそろ10時になります。

就要十点了。
Jiù yào shí diǎn le.
チュウ ヤオ シー ティエン ラ

200 正確な時間は何時ですか。

准确的时间是几点?
Zhǔnquè de shíjiān shì jǐ diǎn?
チュンチュエ ダ シーチエン シー チー ティエン

★ 准确：正確な

201 あなたの時計では今何時ですか。

你的表现在几点?
Nǐ de biǎo xiànzài jǐ diǎn?
ニー ダ ピャオ シェンツァイ チー ティエン

★ 表：時計（携帯用の小型のもの）

202 私の時計では8時20分です。

我的表是八点二十分。
Wǒ de biǎo shì bā diǎn èrshí fēn.
ウォー ダ ピャオ シー パー ティエン アーシー フェン

203 私の時計は少し進んでいます。

我的表有点儿快。
Wǒ de biǎo yǒudiǎnr kuài.
ウォー ダ ピャオ ヨウティアー クアイ

★ 有点儿：少し
（好ましくないことに対して使うことが多い）
★ 快：速い

204 私の時計は3分進んでいます。

我的表快三分钟。
Wǒ de biǎo kuài sān fēnzhōng.
ウォー ダ ピャオ クアイ サン フェンチョン

★ 分钟：分

205 私の時計は少し遅れています。

★ 慢：遅い

我 的 表 有点儿 慢。
Wǒ de biǎo yǒudiǎnr màn.
ウォー ダ ピャオ ヨウティアー マン

206 私の時計は1分遅れています。

我 的 表 慢 一 分钟。
Wǒ de biǎo màn yì fēnzhōng.
ウォー ダ ピャオ マン イー フェンチョン

207 時計が壊れました。修理してください。

★ 坏：壊れる
★ 修理：修理する
★ 一下：ちょっと

表 坏 了。请 修理 一下。
Biǎo huài le. Qǐng xiūlǐ yíxià.
ピャオ フアイ ラ チン シュウリー イーシャー

208 あなたは夜何時に寝ますか。

★ 睡觉：寝る

你 晚上 几 点 睡觉?
Nǐ wǎnshang jǐ diǎn shuìjiào?
ニー ワンシャン チー ティエン シュイチャオ

209 あなたはきのうの夜何時に寝ましたか。

你 昨晚 几 点 睡 的?
Nǐ zuówǎn jǐ diǎn shuì de?
ニー ツオワン チー ティエン シュイ ダ

210 あなたは今朝何時に起きましたか。

★ 起床：起きる

你 今天 早上 几 点 起床 的?
Nǐ jīntiān zǎoshang jǐ diǎn qǐchuáng de?
ニー チンティエン ツァオシャン チー ティエン チーチュアン ダ

211 私は今朝7時に起きました。

我 今天 早上 七 点 起床 的。
Wǒ jīntiān zǎoshang qī diǎn qǐchuáng de.
ウォー チンティエン ツァオシャン チー ティエン チーチュアン ダ

212 あなたは目覚まし時計を何時にセットしましたか。

★ 闹钟：目覚まし時計
★ 定：セットする

你 把 闹钟 定 在 几 点 了？
Nǐ bǎ nàozhōng dìng zài jǐ diǎn le?
ニー パー ナオチョン ティン ツァイ チー ティエン ラ

213 私は目覚まし時計を5時半にセットしました。

我 把 闹钟 定 在 五 点 半 了。
Wǒ bǎ nàozhōng dìng zài wǔ diǎn bàn le.
ウォー パー ナオチョン ティン チャイ ウー ティエン パン ラ

214 私は目覚まし時計を5時半にセットしましたが鳴りませんでした。

★ 虽然…但是～：
…であるが～である
★ 响：音がする

虽然 我 把 闹钟 定 在 五 点 半 了，但是 没 响。
Suīrán wǒ bǎ nàozhōng dìng zài wǔ diǎn bàn le, dànshì méi xiǎng.
スイラン ウォー パー ナオチョン ティン ツァイ ウー ティエン パン ラ タンシー メイ シャン

215 3時以降なら何時でもかまいません。

★ 可以：よい

三 点 以后 什么 时间 都 可以。
Sān diǎn yǐhòu shénme shíjiān dōu kěyǐ.
サン ティエン イーホウ シェンマ シーチエン トウ カーイー

216 4時から6時の間ならいつでもいいですよ。

★ 之间：…の間

四 点 到 六 点 之间 什么 时候 都 可以。
Sì diǎn dào liù diǎn zhījiān shénme shíhou dōu kěyǐ.
スー ティエン タオ リュウ ティエン チーチエン シェンマ シーホウ トウ カーイー

217 明日の午後１時に東京駅で会いましょう。

明天 下午 一 点 在 东京站 见 吧。
Míngtiān xiàwǔ yì diǎn zài Dōngjīngzhàn jiàn ba.
ミンティエン シャーウー イーティエン ツァイ トンチンチャン チエン バ

218 今何時ですか。

现在 几 点 了?
Xiànzài jǐ diǎn le?
シェンツァイ チー ティエン ラ

219 ３時ちょっと過ぎです。

三 点 过 一点儿。
Sān diǎn guò yìdiǎnr.
サン ティエン クオ イーティアー

★ 一点儿：少し

220 夏休みはいつからですか。

暑假 什么 时候 开始?
Shǔjià shénme shíhou kāishǐ?
シューチャー シェンマ シーホウ カイシー

★ 开始：始まる

221 夏休みは来週の水曜日からです。

暑假 下周 星期三 开始。
Shǔjià xiàzhōu xīngqīsān kāishǐ.
シューチャー シャーチョウ シンチーサン カイシー

222 冬休みはいつまでですか。

寒假 什么 时候 结束?
Hánjià shénme shíhou jiéshù?
ハンチャー シェンマ シーホウ チエシュー

★ 结束：終わる

223 通勤時間はどれくらいですか。

上下班 需要 多 长 时间?
Shàngxiàbān xūyào duō cháng shíjiān?
シャンシャーパン シーヤオ トゥオー チャン シーチエン

★ 需要：必要である

224 通学時間はどれくらいですか。

上下学 需要 多 长 时间?
Shàngxiàxué xūyào duō cháng shíjiān?
シャンシャーシュエ シーヤオ
トゥオー チャン シーチエン

225 私の家から駅まで自転車で5分です。

从 我 家 骑 自行车 到 车站 需要 五 分钟。
Cóng wǒ jiā qí zìxíngchē dào chēzhàn xūyào wǔ fēnzhōng.
ツォン ウォー チャー チー
ツーシンチャー タオ チャーチャン
シーヤオ ウー フェンチョン

★ 骑：(自転車などまたいで乗る物に) 乗る

226 私の家から学校まで電車で1時間かかります。

从 我 家 坐 火车 到 学校 需要 一 个 小时。
Cóng wǒ jiā zuò huǒchē dào xuéxiào xūyào yí ge xiǎoshí.
ツォン ウォー チャー ツオ
フオチャー タオ シュエシャオ
シーヤオ イー ガ シャオシー

227 私の家から会社まで車で2時間かかります。

从 我 家 开车 到 公司 需要 两 个 小时。
Cóng wǒ jiā kāichē dào gōngsī xūyào liǎng ge xiǎoshí.
ツォン ウォー チャー カイチャー
タオ コンスー シーヤオ リャン ガ
シャオシー

11 電　　話

電話に出る

228　電話に出てもらえますか。

你 接 一下 电话，好 吗?
Nǐ jiē yíxià diànhuà, hǎo ma?
ニー チエ イーシャー ティエンフア ハオ マ

★　接：受ける

229　私が電話に出ます。

我 来 接 电话。
Wǒ lái jiē diànhuà.
ウォー ライ チエ ティエンフア

230　もしもし，山下です。

喂，我 是 山下。
Wèi, wǒ shì Shānxià.
ウェイ ウォー シー シャンシャー

231　お電話ありがとうございます。中国銀行でございます。

谢谢 您 打 的 电话。
我 是 中国 银行。
Xièxie nín dǎ de diànhuà.
Wǒ shì Zhōngguó Yínháng.
シェーシェ ニン ター ダ ティエンフア
ウォー シー チョングオ インハン

232　どちら様ですか。

您 是 哪位?
Nín shì nǎwèi?
ニン シー ナーウェイ

★　哪位：どなた

233　かけ間違いですよ。

您 打错 了。
Nín dǎcuò le.
ニン ターツオ ラ

★　打错：かけ間違える

234　何番にかけられましたか。

您 打 的 电话 号码 是 多少?
Nín dǎ de diànhuà hàomǎ shì duōshao?
ニン ター ダ ティエンフア ハオマー シー トゥオシャオ

★　电话 号码：電話番号

本人不在

235 加藤は本日は休みを取っております。
★ 休息：休む

今天 加藤 休息。
Jīntiān Jiāténg xiūxi.
チンティエン チャータン シュウシ

236 加藤はただいま会議中です。
★ 开会：会議に出る

加藤 现在 在 开会。
Jiāténg xiànzài zài kāihuì.
チャータン シェンツァイ ツァイ カイフイ

237 加藤はただいま接客中です。
★ 接待：接待する
★ 客人：お客

加藤 现在 在 接待 客人。
Jiāténg xiànzài zài jiēdài kèren.
チャータン シェンツァイ ツァイ チエタイ カーレン

238 加藤はすぐ戻ります。

加藤 马上 就 回来。
Jiāténg mǎshang jiù huílai.
チャータン マーシャン チュウ フイライ

239 加藤は出張中です。
★ 出差：出張する

加藤 出差 了。
Jiāténg chūchāi le.
チャータン チューチャイ ラ

240 10分後にまたかけ直していただけますか。

请 你 十 分钟 后 再 打 电话，好 吗？
Qǐng nǐ shí fēnzhōng hòu zài dǎ diànhuà, hǎo ma?
チン ニー シー フェンチョン ホウ ツァイ ター ティエンフア ハオ マ

241 明日またかけ直します。

我 明天 再 打 电话。
Wǒ míngtiān zài dǎ diànhuà.
ウォー ミンティエン ツァイ ター ティエンフア

242 明日またお電話ください。

请 你 明天 再 打 电话。
Qǐng nǐ míngtiān zài dǎ diànhuà.
チン ニー ミンティエン ツァイ ター ティエンフア

243 私から電話があったと彼女に伝えてください。

请 转告 她，我 给 她 打过 电话。
Qǐng zhuǎngào tā, wǒ gěi tā dǎguo diànhuà.
チン チュアンカオ ター ウォー ケイ ター タークオ ティエンフア

★ 转告：伝える

244 携帯電話の番号を教えてください。

请 告诉 我 你 的 手机 号码。
Qǐng gàosu wǒ nǐ de shǒujī hàomǎ.
チン カオス ウォー ニー ダ ショウチー ハオマー

電話をかける

245 もしもし，松井さんのお宅ですか。

喂，松井 家 吗?
Wèi, Sōngjǐng jiā ma?
ウェイ ソンチン チャー マ

246 もしもし，香港銀行ですか。

喂，是 香港 银行 吗?
Wèi, shì Xiānggǎng Yínháng ma?
ウェイ シー シャンカン インハン マ

247 王さんにつないでください。

请 转 王 先生。
Qǐng zhuǎn Wáng xiānsheng.
チン チュアン ワン シエンシェン

★ 转：回す

248 内線の456をお願いします。

请 接 四五六 分机。
Qǐng jiē sìwǔliù fēnjī.
チン チエ スーウーリュウ フェンチー

★ 接：つなぐ
★ 分机：内線

249 もしもし，有希さんはいらっしゃいますか。

喂，有希 在 吗?
Wèi, Yǒuxī zài ma?
ウェイ ヨウシー ツァイ マ

250 夜分お電話して申し訳ありません。

夜里 给 你 打 电话，对不起。
Yèli gěi nǐ dǎ diànhuà, duìbuqǐ.
イエリー ケイ ニー ター ティエンフア トゥイブチー

★ 夜里：夜
★ 対不起：すまないと思う

取次ぎ

251 少々お待ちください。

请 稍 等。
Qǐng shāo děng.
チン シャオ タン

★ 稍：少し

252 そのままお待ちください。

不要 挂断 电话，请 稍 等。
Búyào guàduàn diànhuà, qǐng shāo děng.
プーヤオ クアトゥアン ティエンフア チン シャオ タン

★ 挂断：（電話を）切る

253 加藤に代わります。

我 让 加藤 跟 你 说。
Wǒ ràng Jiāténg gēn nǐ shuō.
ウォー ラン チャータン ケン ニー シュオー

254 ピーという発信音の後にメッセージをどうぞ。

笛 的 声音 响过 后，请 留言。
Dí de shēngyīn xiǎngguo hòu, qǐng liúyán.
ティー ダ シェンイン シャンクオ ホウ チン リュウイエン

★ 过：動詞の後に置かれ動作の終了を表す
★ 留言：伝言を残す

12 感　　情

喜び

255　ラッキー！

★　幸运：幸運である

真 幸运！
Zhēn xìngyùn!
チェン シンユン

256　うれしい！

很 高兴！
Hěn gāoxìng!
ヘン カオシン

257　家族みんな元気なので私はうれしいです。

家里人 都 很 健康，我 很 高兴。
Jiālirén dōu hěn jiànkāng, wǒ hěn gāoxìng.
チャーリレン トォウ ヘン チエンカン ウォー ヘン カオシン

258　彼女はうれしそうです。

她 好像 很 高兴。
Tā hǎoxiàng hěn gāoxìng.
ター ハオシャン ヘン カオシン

259　まるで夢みたいです。

★　简直：まるで
★　做梦：夢を見る

简直 像 做梦。
Jiǎnzhí xiàng zuòmèng.
チエンチー シャン ツオマン

260　彼女は満面の笑みを浮かべていました。

★　满脸：顔全体

她 满脸 都 是 笑。
Tā mǎnliǎn dōu shì xiào.
ター マンリエン トォウ シー シャオ

261　私は今の仕事に満足しています。

我 对 现在 的 工作 很 满意。
Wǒ duì xiànzài de gōngzuò hěn mǎnyì.
ウォー トゥイ シェンツァイ ダ コンツオ ヘン マンイー

★　满意：満足している

262 私は今の給料が高いので満足しています。

★ 因为…所以〜：…なので〜である
★ 工资：給料

因为 我 现在 的 工资 很 高，所以 很 满意。
Yīnwèi wǒ xiànzài de gōngzī hěn gāo, suǒyǐ hěn mǎnyì.
インウェイ ウォー シェンツァイ ダ コンツー ヘン カオ スオイー ヘン マンイー

263 私は毎日充実した生活を送っています。

★ 过：過ごす
★ 意义：意義

我 每天 过着 有 意义 的 生活。
Wǒ měitiān guòzhe yǒu yìyì de shēnghuó.
ウォー メイティエン クオチャ ヨウ イーイー ダ シェンフオ

怒り

264 私は腹を立てました。

★ 生气：腹を立てる

我 生气 了。
Wǒ shēngqì le.
ウォー シェンチー ラ

265 自分を何様だと思っているんだ。

★ 以为：思う

你 以为 你 是 谁 呀？
Nǐ yǐwéi nǐ shì shéi ya?
ニー イーウェイ ニー シー シェイ ヤ

266 そんな態度を取ってはいけません。

★ 采取：取る
★ 态度：態度

不要 采取 那 种 态度。
Búyào cǎiqǔ nà zhǒng tàidu.
プーヤオ ツァイチー ナー チョン タイトゥ

267 よけいなお世話だ。

多 管 闲 事。
Duō guǎn xián shì.
トゥオー クアン シエン シー

268 君には関係ないだろ。

★ 与：…と
★ 无关：関係がない

与 你 无关。
Yǔ nǐ wúguān.
イー ニー ウークアン

269 彼女はかんしゃくもちです。

★ 好：…しやすい

她 好 生气。
Tā hào shēngqì.
ター ハオ シェンチー

悲しみ

270 私は一人ぼっちで寂しいです。

★ 孤孤单单：一人ぼっちである
★ 寂寞：寂しい

我 一 个 人 孤孤单单 很 寂寞。
Wǒ yí ge rén gūgūdāndān hěn jìmò.
ウォー イー ガ レン クークータンタン ヘン チーモー

271 私は彼女の言葉に傷つけられました。

★ 话：言葉
★ 伤害：傷つける

我 被 她 的 话 伤害 了。
Wǒ bèi tā de huà shānghài le.
ウォー ペイ ター ダ フア シャンハイ ラ

272 飼い犬が死んで私は悲しいです。

★ 养：飼う
★ 死：死ぬ

我 养 的 狗 死了 我 很 伤心。
Wǒ yǎng de gǒu sǐle wǒ hěn shāngxīn.
ウォー ヤン ダ コウ スーラ ウォー ヘン シャンシン

273 私の妹はとても悲しそうに泣きました。

★ 哭：泣く

我 妹妹 哭得 很 伤心。
Wǒ mèimei kūde hěn shāngxīn.
ウォー メイメイ クーダ ヘン シャンシン

274 泣かないで。

别 哭。
Bié kū.
ピエ クー

275 がっかりです。

★ 失望：がっかりしている

我 很 失望。
Wǒ hěn shīwàng.
ウォー ヘン シーワン

驚き

276 本当ですか。

真 的 吗?
Zhēn de ma?
チェン ダ マ

277 私はそんなことが起きるとは信じられません。

我 不 能 相信 会 发生 那样的 事儿。
Wǒ bù néng xiāngxìn huì fāshēng nàyàngde shìr.
ウォー プー ナン シャンシン フイ ファーシェン ナーヤンダ シャー

278 ああびっくりした。

啊, 吓了 我 一 跳。
Ā, xiàle wǒ yí tiào.
アー シャーラ ウォー イー ティャオ

★ 吓:驚かせる

279 私はこの知らせを聞いて大ショックを受けました。

我 听了 这个 消息 受到 很 大 打击。
Wǒ tīngle zhège xiāoxi shòudào hěn dà dǎjī.
ウォー ティンラ チャーガ シャオシ ショウタオ ヘン ター ターチー

★ 消息:知らせ
★ 打击:ショック

280 その知らせは私にはショックでした。

那个 消息 对 我 来 说 是 个 打击。
Nàge xiāoxi duì wǒ lái shuō shì ge dǎjī.
ナーガ シャオシ トゥイ ウォー ライ シュオー シー ガ ターチー

★ 对…来 说:…にとって

281 彼らが来なかったことに私は驚いています。

他们 没 来, 我 感到 很 意外。
Tāmen méi lái, wǒ gǎndào hěn yìwài.
ターメン メイ ライ ウォー カンタオ ヘン イーワイ

★ 感到:感じる
★ 意外:以外である

282 それは驚くべき発見です。

★ 惊人：驚くべき
★ 发现：発見

那 是 个 惊人 的 发现。
Nà shì ge jīngrén de fāxiàn.
ナー シー ガ チンレン ダ
ファーシエン

283 彼女がそんなことを言うとは私は驚きました。

★ 吃惊：驚く

她 说 那样的 话 我 很 吃惊。
Tā shuō nàyàngde huà wǒ hěn chījīng.
ター シュオー ナーヤンダ フア
ウォー ヘン チーチン

同情

284 それはお気の毒ですね。

★ 可怜：かわいそうである

那 真 可怜。
Nà zhēn kělián.
ナー チェン カーリエン

285 お気持ちは分かります。

★ 心情：気持ち

我 理解 你 的 心情。
Wǒ lǐjiě nǐ de xīnqíng.
ウォー リーチエ ニー ダ シンチン

286 おくやみ申し上げます。

★ 表示：表す
★ 哀悼：哀悼

我 表示 哀悼。
Wǒ biǎoshì āidào.
ウォー ピャオシー アイタオ

287 私は同情してほしくありません。

★ 同情：同情する

我 不 需要 同情。
Wǒ bù xūyào tóngqíng.
ウォー ブー シーヤオ トンチン

288 私はあなたたちにとても同情します。

我 很 同情 你们。
Wǒ hěn tóngqíng nǐmen.
ウォー ヘン トンチン ニーメン

感謝

289 ありがとうございます。

★ 谢谢：感謝する

谢谢。
Xièxie.
シェーシェ

谢谢 你。
Xièxie nǐ.
シェーシェ ニー

290 どうもありがとうございます。

★ 非常：とても
★ 感谢：感謝する

非常 感谢。
Fēicháng gǎnxiè.
フェイチャン カンシエ

非常 感谢 你。
Fēicháng gǎnxiè nǐ.
フェイチャン カンシエ ニー

多谢，多谢。
Duōxiè, duōxiè.
トゥオーシエ トゥオーシエ

291 お世話いただいてありがとうございます。

★ 关照：世話をする

谢谢 你 的 关照。
Xièxie nǐ de guānzhào.
シェーシェ ニー ダ クアンチャオ

292 お力添えありがとうございます。

★ 帮助：助け

谢谢 你 的 帮助。
Xièxie nǐ de bāngzhù.
シェーシェ ニー ダ パンチュー

293 ご招待ありがとうございます。

★ 邀请：招待する

谢谢 你 的 邀请。
Xièxie nǐ de yāoqǐng.
シェーシェ ニー ダ ヤオチン

294 どういたしまして。

不 谢。
Bú xiè.
プー シエ

不用 谢。
Búyòng xiè
プーヨン シエ

哪里，哪里。
Nǎli, nǎli.
ナーリ ナーリ

没 什么。
Méi shénme.
メイ シェンマ

謝罪

295 すみません。

对不起。
Duìbuqǐ.
トゥイプチー

296 本当にすみません。

★ 实在：本当に

实在 对不起。
Shízài duìbuqǐ.
シーツァイ トゥイプチー

297 お忙しいところをすみませんが，明日おいでいただけますか。

★ 百 忙 之 中：お忙しい中

对不起，百 忙 之 中，明天 能 来 一下 吗?
Duìbuqǐ, bǎi máng zhī zhōng, míngtiān néng lái yíxià ma?
トゥイプチー パイ マン チー チョン ミンティエン ナン ライ イーシャー マ

298 すみません，私の不注意でした。

★ 注意：注意する

对不起，我 没有 注意。
Duìbuqǐ, wǒ méiyǒu zhùyì.
トゥイプチー ウォー メイヨウ チューイー

64 感 情

299 約束を破ってすみません。

★ 失约：約束を破る

対不起，我 失约 了。
Duìbuqǐ, wǒ shīyuē le.
トゥイプチー ウォー シーユエ ラ

300 許してください。

★ 原谅：許す

请 原谅。
Qǐng yuánliàng.
チン ユアンリャン

301 私は彼女に謝らなければなりません。

★ 应该：…すべきである
★ 道歉：謝る

我 应该 向 她 道歉。
Wǒ yīnggāi xiàng tā dàoqiàn.
ウォー インカイ シャン ター タオチエン

13 体　　調

302 顔色がとてもいいですね。

　　　★ 脸色：顔色
　　　★ 挺：とても

你 脸色 挺 好 啊。
Nǐ liǎnsè tǐng hǎo a.
ニー リエンサー ティン ハオ ア

303 顔色が悪いですね。

你 脸色 不 好 啊。
Nǐ liǎnsè bù hǎo a.
ニー リエンサー プー ハオ ア

304 顔がつやつやしていますね。

　　　★ 满面 红光：つやが
　　　　よく生き生きした

你 满面 红光。
Nǐ mǎnmiàn hóngguāng.
ニー マンミエン ホンクアン

305 とても元気そうですね。

　　　★ 精神：元気な

你 挺 精神 啊。
Nǐ tǐng jīngshen a.
ニー ティン チンシェン ア

306 私はくたくたに疲れています。

　　　★ 累：疲れている
　　　★ 死：ひどく…である
　　　　動詞や形容詞の後
　　　　について程度が高
　　　　いことを表す。

我 累死 了。
Wǒ lèisǐ le.
ウォー レイスー ラ

307 私は健康面に何の問題もありません。

我 健康 方面 没 有 什么 问题。
Wǒ jiànkāng fāngmiàn méi yǒu shénme wèntí.
ウォー チエンカン ファンミエン メイ ヨウ シェンマ ウェンティー

308 あなたは入院が必要です。

你 需要 住院。
Nǐ xūyào zhùyuàn.
ニー シーヤオ チューユアン

★ 住院：入院する

309 あなたは手術が必要です。

你 需要 做 手术。
Nǐ xūyào zuò shǒushù.
ニー シーヤオ ツオ ショウシュー

★ 手术：手術

310 私は血圧が高いです。

我 血压 高。
Wǒ xuèyā gāo.
ウォー シュエヤー カオ

311 私は血圧が低いです。

我 血压 低。
Wǒ xuèyā dī.
ウォー シュエヤー ティー

312 私は頭痛がします。

我 头 疼。
Wǒ tóu téng.
ウォー トウ タン

★ 疼：痛い

313 私は頭が割れるように痛いです。

我 头 像 裂了似的 疼。
Wǒ tóu xiàng lièleshìde téng.
ウォー トウ シャン リエラシーダ タン

★ 裂：割れる
★ …似的：…しそうだ

314 私は食欲がありません。

我 没 有 食欲。
Wǒ méi yǒu shíyù.
ウォー メイ ヨウ シーイー

★ 食欲：食欲

315 私は食欲が全然ありません。

我 什么 食欲 也 没 有。
Wǒ shénme shíyù yě méi yǒu.
ウォー シェンマ シーイー イエ メイ ヨウ

316 私は風邪をよくひきます。

我 经常 感冒。
Wǒ jīngcháng gǎnmào.
ウォー チンチャン カンマオ

317 私は鼻がつまっています。

★ 鼻子：鼻
★ 通气：空気が通る

我 鼻子 不 通气。
Wǒ bízi bù tōngqì.
ウォー ピーツ プー トンチー

318 私はめまいがします。

我 头晕。
Wǒ tóuyūn.
ウォー トウユン

319 私は吐き気がします。

★ 吐：吐く

我 想 吐。
Wǒ xiǎng tù.
ウォー シャン トゥー

320 私は4日前から気分が悪いです。

★ 舒服：気分がいい

我 是 四 天 前 开始 不 舒服 的。
Wǒ shì sì tiān qián kāishǐ bù shūfu de.
ウォー シー スー ティエン チエン カイシー プー シューフ ダ

321 私は最近よく物がはっきり見えません。

★ 清楚：はっきりしている

我 最近 经常 看不清楚 东西。
Wǒ zuìjìn jīngcháng kànbuqīngchu dōngxi.
ウォー ツイチン チンチャン カンプチンチュ トンシ

322 あなたは近視ですか。

你 是 近视眼 吗?
Nǐ shì jìnshìyǎn ma?
ニー シー チンシーイエン マ

323 私は遠視です。

我 是 远视眼。
Wǒ shì yuǎnshìyǎn.
ウォー シー ユアンシーイエン

324 私は乱視ではありません。

我 不 是 散光眼。
Wǒ bú shì sǎnguāngyǎn.
ウォー プー シー サンクアンイエン

14 聞き返し

325 今何と言われましたか。

★ 刚才：いましがた

您 刚才 说 什么?
Nín gāngcái shuō shénme?
ニン カンツァイ シュオー シェンマ

326 すみません，聞こえませんでした。

对不起，我 没 听到。
Duìbuqǐ, wǒ méi tīngdào.
トゥイブチー ウォー メイ ティンタオ

327 すみません，よく分かりません。

★ 懂：分かる

对不起，我 不 太 懂。
Duìbuqǐ, wǒ bú tài dǒng.
トゥイブチー ウォー プー タイ トン

328 すみません，全然分かりません。

★ 一点儿＋也（都）＋否定形：少しも…ではない

对不起，我 一点儿 也 不 懂。
Duìbuqǐ, wǒ yìdiǎnr yě bù dǒng.
トゥイブチー ウォー イーティアー イエ プー トン

329 もう一度ゆっくり話していただけますか。

请 再 慢慢儿 说 一 遍, 好 吗?
Qǐng zài mànmānr shuō yí biàn, hǎo ma?
チン ツァイ マンマー シュオー イー ピエン ハオ マ

330 もう一度大きな声で話していただけますか。

★ 大声：大声で

请 再 大声 点儿 说 一 遍, 好 吗?
Qǐng zài dàshēng diǎnr shuō yí biàn, hǎo ma?
チン ツァイ ターシェン ティアー シュオー イー ピエン ハオ マ

331 もう一度言ってもらえますか。

请 再 说 一 遍, 好 吗?
Qǐng zài shuō yí biàn, hǎo ma?
チン ツァイ シュオー イー ピエン ハオ マ

332 私にも分かるように言ってください。

请 说清楚 一点儿 让 我 也 能 理解。
Qǐng shuōqīngchu yìdiǎnr ràng wǒ yě néng lǐjiě.
チン シュオーチンチュ イーティアー ラン ウォー イエ ナン リーチエ

333 最後の単語が聞き取れませんでした。

最后 的 单词 没 听懂。
Zuìhòu de dāncí méi tīngdǒng.
ツイホウ ダ タンツー メイ ティントン

★ 单词：単語

334 最後から3番目の単語が聞き取れませんでした。

倒数 第 三 个 单词 没 听懂。
Dàoshǔ dì sān ge dāncí méi tīngdǒng.
タオシュー ティー サン ガ タンツー メイ ティントン

★ "倒数"：後ろから数える

335 「好」はどういう意味ですか。

"好" 是 什么 意思?
Hǎo shì shénme yìsi?
ハオ シー シェンマ イース

336 「大」は中国語ではどういう意味ですか。

"大" 在 汉语 里 是 什么 意思?
Dà zài Hànyǔ li shì shénme yìsi?
ター ツァイ ハンイー リ シー シェンマ イース

15 あいづち

337 あら、そうなの?

啊, 是 这样 吗?
Ā, shì zhèyàng ma?
アー シー チャーヤン マ

338 そうなんです。

是 啊。
Shì a.
シー ア

339 本当ですか。

真 的 吗?
Zhēn de ma?
チェン ダ マ

340 初耳です。

我 是 第 一 次 听到。
Wǒ shì dì yī cì tīngdào.
ウォー シー ティー イー ツー ティンタオ

341 おっしゃる通りです。

没 错儿。
Méi cuòr.
メイ ツオー

★ 错儿：間違い

342 その通りです。

对。
Duì.
トゥイ

343 そうですよ(もちろんです)。

可不是。
Kěbushì.
カープシー

344 私も同感です。

我 也 有 同感。
Wǒ yě yǒu tónggǎn.
ウォー イエ ヨウ トンカン

[有　同感で用いる]

345 私もそう思います。

我 觉得 也 是 这样。
Wǒ juéde yě shì zhèyàng.
ウォー チュエダ イエ シー チャーヤン

★ 觉得：思う

346 私もそう言おうと思っていました。

我 也 想 那么 说。
Wǒ yě xiǎng nàme shuō.
ウォー イエ シャン ナーマ シュオー

347 私も同じことを考えていました。

我 也 在 想 同样 的 事。
Wǒ yě zài xiǎng tóngyàng de shì.
ウォー イエ ツァイ シャン トンヤン ダ シー

★ 同样：同様である

348 そうとも言えますね。

可以 这么 说。
Kěyǐ zhème shuō.
カーイー チャーマ シュオー

349 そんなことありえません。

不 可能 有 这 种 事儿。
Bù kěnéng yǒu zhè zhǒng shìr.
プー カーナン ヨウ チャー チョン シャー

350 私は賛成です。

我 同意。
Wǒ tóngyì.
ウォー トンイー

★ 同意：賛成する

351 私はその意見に賛成です。

我 同意 那个 意见。
Wǒ tóngyì nàge yìjian.
ウォー トンイー ナーガ イーチエン

352 私は反対です。

我 反对。
Wǒ fǎnduì.
ウォー ファントゥイ

★ 反对：反対する

353 私は信じられません。

我 不 能 相信。
Wǒ bù néng xiāngxìn.
ウォー プー ナン シャンシン

354 冗談でしょ。

    ★ 开玩笑：からかう

开 玩笑 吧。
Kāi wánxiào ba.
カイ ワンシャオ バ

355 それは机上の空論です。

    ★ 纸上谈兵：
      紙の上で兵法を談ずる
      （机上の空論）

那 是 纸 上 谈 兵。
Nà shì zhǐ shàng tán bīng.
ナー シー チー シャン タン ピン

16 予 定

356 あなたは明日はどんな予定ですか。

★ 打算：予定

你 明天 有 什么 打算?
Nǐ míngtiān yǒu shénme dǎsuan?
ニー ミンティエン ヨウ シェンマ タースアン

357 明日の予定を教えてもらえますか。

你 能 告诉 我 明天 的 打算 吗?
Nǐ néng gàosu wǒ míngtiān de dǎsuan ma?
ニー ナン カオス ウォー ミンティエン ダ タースアン マ

358 私は明日の晩は友達と食事に出かけます。

我 明晚 和 朋友 出去 吃 饭。
Wǒ míngwǎn hé péngyou chūqu chī fàn.
ウォー ミンワン ハー パンヨウ チューチー チー ファン

359 水曜日は何をする予定ですか。

★ 打算：…するつもりである

星期三 你 打算 干 什么?
Xīngqīsān nǐ dǎsuan gàn shénme?
シンチーサン ニー タースアン カン シェンマ

360 私は10日後に引っ越します。

★ 搬家：引っ越す

我 十 天 后 搬家。
Wǒ shí tiān hòu bānjiā.
ウォー シー ティエン ホウ パンチャー

361 私は３ヶ月後に北京へ留学します。

★ 留学：留学する

我 三 个 月 后 去 北京 留学。
Wǒ sān ge yuè hòu qù Běijīng liúxué.
ウォー サン ガ ユエ ホウ チー ペイチン リュウシュエ

362 私は来月からマクドナルドでアルバイトを始めます。

我 下月 开始 在 麦当劳 打工。
Wǒ xiàyuè kāishǐ zài Màidāngláo dǎgōng.
ウォー シャーユエ カイシー ツァイ マイタンラオ ターコン

363 私は2年後に家を買いたいです。

★ 房子：家

我 两 年 后 想 买 房子。
Wǒ liǎng nián hòu xiǎng mǎi fángzi.
ウォー リャン ニエン ホウ シャン マイ ファンツ

364 私は大学を卒業したら銀行で働きたいです。

我 大学 毕业 后 想 在 银行 工作。
Wǒ dàxué bìyè hòu xiǎng zài yínháng gōngzuò.
ウォー ターシュエ ピーイエ ホウ シャン ツァイ インハン コンツオ

17 欲　求

365 あなたは何が欲しいですか。

你 想 要 什么？
Nǐ xiǎng yào shénme?
ニー シャン ヤオ シェンマ

366 あなたは何か欲しいものがありますか。

你 有 什么 想 要 的 东西 吗？
Nǐ yǒu shénme xiǎng yào de dōngxi ma?
ニー ヨウ シェンマ シャン ヤオ ダ トンシ マ

367 私は飲み友達が欲しいです。

★ 酒友：飲み友達

我 想 要 酒友。
Wǒ xiǎng yào jiǔyǒu.
ウォー シャン ヤオ チュウヨウ

368 私はもっとお金が欲しいです。

我 想 要 更 多 的 钱。
Wǒ xiǎng yào gèng duō de qián.
ウォー シャン ヤオ カン トゥオー ダ チエン

369 私は一生遊んで暮らせるだけのお金が欲しいです。

★ 一辈子：一生

我 想 要 能 玩儿 一辈子 的 钱。
Wǒ xiǎng yào néng wánr yíbèizi de qián.
ウォー シャン ヤオ ナン ワー イーペイツ ダ チエン

370 私は英語と中国語をマスターしたいです。

★ 学好：マスターする

我 想 学好 英语 和 汉语。
Wǒ xiǎng xuéhǎo Yīngyǔ hé Hànyǔ.
ウォー シャン シュエハオ インイー ハー ハンイー

371 私は英語を勉強したくありません。

我 不 想 学 英语。
Wǒ bù xiǎng xué Yīngyǔ.
ウォー プー シャン シュエ インイー

372 私は弁護士になりたいです。

我 想 当 律师。
Wǒ xiǎng dāng lùshī.
ウォー シャン タン ルーシー

373 英語で小説を書くのが私の夢です。

用 英语 写 小说 是 我 的 理想。
Yòng Yīngyǔ xiě xiǎoshuō shì wǒ de lǐxiǎng.
ヨン インイー シエ シャオシュオー シー ウォー ダ リーシャン

★ 理想：理想

18 許　可

374 タバコを吸ってもいいですか。
　★　吸 烟：タバコを吸う

可以 吸 烟 吗?
Kěyǐ xī yān ma?
カーイー シー イエン マ

375 ここでタバコを吸ってもいいですか。

这儿 可以 吸 烟 吗?
Zhèr kěyǐ xī yān ma?
チャー カーイー シー イエン マ

376 いくつか質問してもいいですか。

可以 问 几 个 问题 吗?
Kěyǐ wèn jǐ ge wèntí ma?
カーイー ウェン チー ガ ウェンティー マ

377 英語で答えてもいいですか。
　★　回答：答える

可以 用 英语 回答 吗?
Kěyǐ yòng Yīngyǔ huídá ma?
カーイー ヨン インイー フイター マ

378 手書きでいいですか。
　★　手写：手書きする

手写 可以 吗?
Shǒuxiě kěyǐ ma?
ショウシエ カーイー マ

379 このパソコンを使ってはいけません。
　★　台：機械・設備を数える量詞

你 不 能 用 这 台 电脑。
Nǐ bù néng yòng zhè tái diànnǎo.
ニー プー ナン ヨン チャー タイ ティエンナオ

380 これを食べてもいいですか。
　★　行：よい，大丈夫である

我 想 吃 这个, 行 吗?
Wǒ xiǎng chī zhège, xíng ma?
ウォー シャン チー チャーガ シン マ

381 今晩電話してもいいですか。

今晩 给 你 打 电话，行 不 行?
Jīnwǎn gěi nǐ dǎ diànhuà, xíng bu xíng?
チンワン ケイ ニー ター
ティエンフア シン プー シン

19 提　　案

382 一緒に王府井に買物に行きましょう。

咱们 一起 去 王府井 买东西 吧。
Zánmen yìqǐ qù Wángfǔjǐng mǎi dōngxi ba.
ツァンメン イーチー チー ワンフーチン マイ トンシ バ

★ 咱们…吧：…しましょう

383 日曜日にスケートに行きましょう。

咱们 星期日 去 滑冰 吧。
Zánmen xīngqīrì qù huábīng ba.
ツァンメン シンチーリー チー フアピン バ

★ 滑冰：スケートをする

384 ラオチューはどうですか。

老酒 怎么样?
Lǎojiǔ zěnmeyàng?
ラオチュウ ツェンマヤン

385 12月に景山温泉に行くのはどうですか。

十二 月份 去 景山 温泉 怎么样?
Shí'èr yuèfèn qù Jǐngshān Wēnquán zěnmeyàng?
シーアー ユエフェン チー チンシャン ウェンチュアン ツェンマヤン

386 夏休みに北京で中国語を勉強するのはどうですか。

暑假 在 北京 学 汉语 怎么样?
Shǔjià zài Běijīng xué Hànyǔ zěnmeyàng?
シューチャー ツァイ ペイチン シュエ ハンイー ツェンマヤン

387 電車で行くのはどうですか。

坐 火车 去 好 吗?
Zuò huǒchē qù hǎo ma?
ツオ フオチャー チー ハオ マ

388 あさって映画を見に行くのはどうですか。

后天 去 看 电影，好 不 好?
Hòutiān qù kàn diànyǐng, hǎo bu hǎo?
ホウティエン チー カン ティエンイン ハオ プー ハオ

389 医者に診てもらった方がいいですよ。

★ 最好：…した方がよい

最好 看看 医生。
Zuìhǎo kànkan yīshēng.
ツイハオ カンカン イーシェン

390 考えすぎない方がいいですよ。

最好 不要 多 想。
Zuìhǎo búyào duō xiǎng.
ツイハオ プーヤオ トゥオー シャン

391 たまにはリラックスした方がいいですよ。

★ 偶尔：たまには
★ 放松：リラックスする

最好 偶尔 放松 一下。
Zuìhǎo ǒu'ěr fàngsōng yíxià.
ツイハオ オウアー ファンソン イーシャー

392 骨を強くするためにもっと牛乳を飲みなさい。

★ 为了：…するために
★ 壮：強くする
★ 牛奶：牛乳

为了 壮 骨，再 多 喝 点儿 牛奶。
Wèile zhuàng gǔ, zài duō hē diǎnr niúnǎi.
ウェイラ チュアン クー ツァイ トゥオー ハー ティアー ニュウナイ

393 食べすぎ，飲みすぎは体によくありません。

★ 身体：体

吃 多 了 喝 多 了 对 身体 不 好。
Chī duō le hē duō le duì shēntǐ bù hǎo.
チー トゥオー ラ ハー トゥオー ラ トゥイ シェンティー プー ハオ

20 依　頼

394 ちょっと頼みたいことがあるんですけど。
　　★ 求：頼む

有件事求你。
Yǒu jiàn shì qiú nǐ.
ヨウ チエン シー チュウ ニー

395 ひとつだけお願いしていいですか。

只求你一件事可以吗?
Zhǐ qiú nǐ yí jiàn shì kěyǐ ma?
チー チュウ ニー イー チエン シー カーイー マ

396 この荷物を運ぶのを手伝ってもらえますか。

　　★ 搬：運ぶ
　　★ 行李：荷物

能帮我搬这件行李吗?
Néng bāng wǒ bān zhè jiàn xíngli ma?
ナン パン ウォー パン チャー チエン シンリ マ

397 この手紙を中国語に訳すのを手伝ってもらえますか。

　　★ 封：封筒に入っている物を数える量詞
　　★ 翻译：翻訳する

能帮我把这封信翻译成汉语吗?
Néng bāng wǒ bǎ zhè fēng xìn fānyìchéng Hànyǔ ma?
ナン パン ウォー パー チャー フォン シン ファンイーチェン ハンイー マ

398 3階から机を運ぶのを手伝ってもらえますか。

　　★ 桌子：机

能帮我把桌子从三楼搬下来吗?
Néng bāng wǒ bǎ zhuōzi cóng sān lóu bānxiàlai ma?
ナン パン ウォー パー チュオーツ ツォン サン ロウ パンシャーライ マ

399 最初から説明してもらえますか。

★ 从头儿：最初から
★ 说明：説明する

能 帮 我 从头儿 说明 一下 吗？
Néng bāng wǒ cóngtóur shuōmíng yíxià ma?
ナン パン ウォー ツォントー シュオミン イーシャー マ

400 明日の午後3時に私の家へ来てください。

请 明天 下午 三 点 来 我 家。
Qǐng míngtiān xiàwǔ sān diǎn lái wǒ jiā.
チン ミンティエン シャーウー サン ティエン ライ ウォー チャー

401 洗濯物をきちんとたたんでください。

★ 叠：畳む

请 把 洗过的 衣服 叠好。
Qǐng bǎ xǐguode yīfu diéhǎo.
チン パー シークオダ イーフ ティエハオ

402 私の話を終わりまで聞いてください。

★ 说完：話し終わる

请 听 我 说完。
Qǐng tīng wǒ shuōwán.
チン ティン ウォー シュオワン

403 アイスクリームを3つください。

★ 给：与える
★ 冰激凌：アイスクリーム

请 给 我 三 个 冰激凌。
Qǐng gěi wǒ sān ge bīngjilíng.
チン ケイ ウォー サン ガ ピンチーリン

404 ビールを2本ください。

★ 瓶：瓶に入った物を数える量詞

请 给 我 两 瓶 啤酒。
Qǐng gěi wǒ liǎng píng píjiǔ.
チン ケイ ウォー リャン ピン ピーチュウ

21 トラブル

405 夜の一人歩きは危険です。

★ 走路：歩く
★ 危险：危険である

夜里 一 个 人 走路 很 危险。
Yèli yí ge rén zǒulù hěn wēixiǎn.
イエリ イー ガ レン ツォウルー ヘン ウェイシエン

406 貴重品は持ち歩いてください。

★ 随身 携带：持ち歩く

贵重 物品 请 随身 携带。
Guìzhòng wùpǐn qǐng suíshēn xiédài.
クイチョン ウーピン チン スイシェン シエタイ

407 騒ぐと命はないぞ。

★ 要是：もし…なら
★ 喊：騒ぐ
★ 杀：殺す

要是 喊 就 杀了 你。
Yàoshi hǎn jiù shāle nǐ.
ヤオシ ハン チュウ シャーラ ニー

408 ここを動くな。

★ 不准：…するな
★ 动：動く

在 这儿 不准 动。
Zài zhèr bùzhǔn dòng.
ツァイ チャー プーチュン トン

409 財布を盗まれました。

★ 钱包：財布
★ 偷：盗む

钱包 被 偷 了。
Qiánbāo bèi tōu le.
チエンパオ ペイ トウ ラ

410 財布にはいくら入っていましたか。

钱包 里 有 多少 钱?
Qiánbāo li yǒu duōshao qián?
チエンパオ リ ヨウ トゥオシャオ チエン

411 火事だ！　　　　　　　　着火 了！
　　　　　　　　　　　　　Zháohuǒ le!
　　★ 着火：失火する　　　チャオフオ ラ

412 逃げろ！　　　　　　　　快 跑！
　　　　　　　　　　　　　Kuài pǎo!
　　★ 跑：逃げる　　　　　クアイ パオ

413 助けて！　　　　　　　　救命！
　　　　　　　　　　　　　Jiùmìng!
　　　　　　　　　　　　　チューミン

22 日本語独特の表現

414 行ってきます。

我 走 了。
Wǒ zǒu le.
ウォー ツォウ ラ

415 行ってらっしゃい。

走 吧。
Zǒu ba.
ツォウ バ

416 ただいま。

我 回来 了。
Wǒ huílai le.
ウォー フイライ ラ

★ 回来：帰る

417 お帰りなさい。

你 回来 了。
Nǐ huílai le.
ニー フイライ ラ

418 きょうはお疲れさまでした。

今天 辛苦 了。
Jīntiān xīnkǔ le.
チンティエン シンクー ラ

★ 辛苦：骨が折れる

419 桂林出張お疲れさまでした。

去 桂林 出差 辛苦 了。
Qù Guìlín chūchāi xīnkǔ le.
チー クイリン チューチャイ シンクー ラ

420 コーヒーでも飲みませんか。

喝 点儿 咖啡 吧。
Hē diǎnr kāfēi ba.
ハー ティアー カーフェイ バ

421 何もありませんが食事していってください。

没 准备 什么，请 随便 吃 顿 饭 吧。
Méi zhǔnbèi shénme, qǐng suíbiàn chī dùn fàn ba.
メイ チュンペイ シェンマ チン スイピエン チー トゥン ファン バ

★ 准备：用意する

422 息子がお世話になっております。

我 儿子 一直 在 麻烦 你。
Wǒ érzi yìzhí zài máfan nǐ.
ウォー アーツ イーチー ツァイ マーファン ニー

★ 麻烦：煩わす

423 １年間何から何までお世話になりました。

这 一 年 得到 了 你 的 多方 关照。
Zhè yì nián dédào le nǐ de duōfāng guānzhào.
チャー イー ニエン タータオ ラ ニー ダ トゥオファン クアンチャオ

★ 多方：多方面

424 つまらないものですが，お受け取りください。

这 不 是 什么 贵重 东西，请 收下 吧。
Zhè bú shì shénme guìzhòng dōngxi, qǐng shōuxià ba.
チャー プー シー シェンマ クイチョン トンシ チン ショウシャー バ

★ 收：受け取る
★ 下：動詞の後に付いて動作の完成を表す。

425 おかげさまで元気です。

托 你 的 福，我 很 好。
Tuō nǐ de fú, wǒ hěn hǎo.
トゥオー ニー ダ フー ウォー ヘン ハオ

★ 托福：おかげさまで

会話表現編
II
〈会話の幅を広げる表現〉

学業 | 中国語 | 仕事 | 恋愛・結婚 | テレビ | 映画・音楽 | 自動車 | スポーツ | 天気 | ファッション | 中国 | 日本 | 中国人と会話する | 性格

1 学　　業

426　あなたは大学生ですか。

你 是 大学生 吗?
Nǐ shì dàxuéshēng ma?
ニー シー ターシュエシェン マ

427　あなたはどこの大学へ通っていますか。

★　上学：学校に通う

你 在 哪个 大学 上学?
Nǐ zài nǎge dàxué shàngxué?
ニー ツァイ ナーガ ターシュエ シャンシュエ

428　私は北京大学で勉強しています。

★　学习：勉強する

我 在 北京 大学 学习。
Wǒ zài Běijīng Dàxué xuéxí.
ウォー ツァイ ペイチン ターシュエ シュエシー

429　あなたの専攻は何ですか。

★　专业：専攻

你 的 专业 是 什么?
Nǐ de zhuānyè shì shénme?
ニー ダ チュアンイエ シー シェンマ

430　私の専攻は英語です。

我 的 专业 是 英语。
Wǒ de zhuānyè shì Yīngyǔ.
ウォー ダ チュアンイエ シー インイー

431　私は1988年に北京大学を卒業しました。

★　毕业：卒業する

我 一九八八 年 毕业 于 北京 大学。
Wǒ yījiǔbābā nián bìyè yú Běijīng Dàxué.
ウォー イーチュウパーパー ニネン ピーイエ イー ペイチン ターシュエ

432 あなたはいつ上海大学を卒業しましたか。

你 是 什么 时候 从 上海 大学 毕业 的?
Nǐ shì shénme shíhou cóng Shànghǎi Dàxué bìyè de?
ニー シー シェンマ シーホウ ツォン シャンハイ ターシュエ ピーイエ ダ

433 私は大学時代は授業をさぼってばかりいました。

★ 总:いつも
★ 逃课:授業をさぼる

我 上 大学 的 时候 总 逃课。
Wǒ shàng dàxué de shíhou zǒng táokè.
ウォー シャン ターシュエ ダ シーホウ ツォン タオカー

434 私は週4日学校へ行きます。

我 一 个 星期 去 四 天 学校。
Wǒ yí ge xīngqī qù sì tiān xuéxiào.
ウォー イー ガ シンチー チー スー ティエン シュエシャオ

435 あなたは何時から授業ですか。
★ 上课:授業に出る

你 几 点 上课?
Nǐ jǐ diǎn shàngkè?
ニー チー ティエン シャンカー

436 私はカンニングをして見つかったことが2回あります。

★ "作弊":カンニングする
★ 发现:見つける

我 有 两 次 作弊 被 发现 了。
Wǒ yǒu liǎng cì zuòbì bèi fāxiàn le.
ウォー ヨウ リャン ツー ツオピー ペイ ファーシエン ラ

437 これはカンニングペーパーです。

★ 纸条:用紙

这 是 作弊 的 纸条。
Zhè shì zuòbì de zhǐtiáo.
チャー シー ツオピー ダ チーティャオ

438 私たちはあさってテストがあります。
★ 考试:試験を受ける

我们 后天 考试。
Wǒmen hòutiān kǎoshì.
ウォーメン ホウティエン カオシー

439 私は英語の教員免許を持って
います。

我 有 英语 教师证。
Wǒ yǒu Yīngyǔ jiàoshīzhèng.
ウォー ヨウ インイー
チャオシーチェン

440 私は勉強が嫌いです。

我 讨厌 学习。
Wǒ tǎoyàn xuéxí.
ウォー タオイエン シュエシー

441 私は勉強よりスポーツの方が
好きです。

★ 相比：比べる

和 学习 相比 我 喜欢 运动。
Hé xuéxí xiāngbǐ wǒ xǐhuan yùndòng.
ハー シュエシー シャンピー ウォー
シーファン ユントン

442 あなたは月に何冊本を読みま
すか。

你 一 个 月 看 几 本 书?
Nǐ yí ge yuè kàn jǐ běn shū?
ニー イー ガ ユエ カン チー ペン
シュー

443 私は1日に2時間本を読みま
す。

我 一 天 看 两 个 小时
书。
Wǒ yì tiān kàn liǎng ge xiǎoshí shū.
ウォー イー ティエン カン リャン ガ
シャオシー シュー

444 私は電車の中でよく本を読み
ます。

我 经常 在 电车 里 看 书。
Wǒ jīngcháng zài diànchē li kàn shū.
ウォー チンチャン ツァイ
ティエンチャー リー カン シュー

445 あなたはどんな本を読みます
か。

你 看 什么 书?
Nǐ kàn shénme shū?
ニー カン シェンマ シュー

446 私はSF小説が好きです。

我 喜欢 看 科幻 小说。
Wǒ xǐhuan kàn kēhuàn xiǎoshuō.
ウォー シーファン カン カーフアン
シャオシュオー

447 この本を100回音読しなさい。

★ 读：音読する

把 这 本 书 读 一百 遍。
Bǎ zhè běn shū dú yìbǎi biàn.
パー チャー ペン シュー トゥー イーパイ ピエン

448 あなたは何新聞を取っていますか。

★ "订"：予約購読する

你 订了 什么 报纸?
Nǐ dìngle shénme bàozhǐ?
ニー ティンラ シェンマ パオチー

2 中国語

449 あなたは中国語を勉強してどのくらいになりますか。

你 学了 多 长 时间 汉语 了?
Nǐ xuéle duō cháng shíjiān Hànyǔ le?
ニー シュエラ トゥオー チャン シーチエン ハンイー ラ

450 私は中国語を勉強して5年になります。

我 学了 五 年 汉语 了。
Wǒ xuéle wǔ nián Hànyǔ le.
ウォー シュエラ ウー ニエン ハンイー ラ

451 私は大学で4年間中国語を勉強しました。

我 在 大学 学了 四 年 汉语。
Wǒ zài dàxué xuéle sì nián Hànyǔ.
ウォー ツァイ ターシュエ シュエラ スー ニエン ハンイー

452 第2外国語として私は中国語を勉強しました。

第 二 外语 我 学了 汉语。
Dì èr wàiyǔ wǒ xuéle Hànyǔ.
ティー アー ワイイー ウォー シュエラ ハンイー

453 私はテレビとラジオで中国語を勉強しています。

我 跟 电视 和 收音机 学 汉语。
Wǒ gēn diànshì hé shōuyīnjī xué Hànyǔ.
ウォー ケン ティエンシー ハー ショウインチー シュエ ハンイー

454 私は週3回中国語の会話学校へ通っています。

我 每 星期 去 三 次 汉语 会话 学校。
Wǒ měi xīngqī qù sān cì Hànyǔ huìhuà xuéxiào.
ウォー メイ シンチー チー サン ツー ハンイー フイフア シュエシャオ

455 あなたは中国語がうまいですね。

你 的 汉语 很 好 啊。
Nǐ de Hànyǔ hěn hǎo a.
ニー ダ ハンイー ヘン ハオ ア

456 あなたは中国語を話すのがうまいですね。

你 说 汉语 说得 很 好 啊。
Nǐ shuō Hànyǔ shuōde hěn hǎo a.
ニー シュオー ハンイー シュオダ ヘン ハオ ア

457 私の中国語が間違っていたら遠慮なく直してください。

如果 我 说 的 汉语 不 对 的 话，请 不要 客气 改过来。
Rúguǒ wǒ shuō de Hànyǔ bú duì de huà, qǐng búyào kèqi gǎiguòlai.
ルークオ ウォー シュオー ダ ハンイー プー トゥイ ダ フア チン プーヤオ カーチー カイクオライ

★ 如果…的 话：もし…なら
★ 客气：遠慮する
★ 改过：過ちを改める

458 中国語をマスターする一番いい方法を教えてください。

请 告诉 我 学好 汉语 的 最 佳 方法。
Qǐng gàosu wǒ xuéhǎo Hànyǔ de zuì jiā fāngfǎ.
チン カオス ウォー シュエハオ ハンイー ダ ツイ チャー ファンファー

★ 佳：よい

459 中国語をマスターするにはどんな秘訣がありますか。

学好 汉语 有 什么 诀窍？
Xuéhǎo Hànyǔ yǒu shénme juéqiào?
シュエハオ ハンイー ヨウ シェンマ チュエチャオ

★ 诀窍：秘訣

460 頭の中に入っていない中国語の表現は理解することはできません。

★ 脑子：頭
★ 表达：表現する
★ 不了：…しきれない

脑子里 没 有 的 汉语 表达 方式 理解不了。
Nǎozili méi yǒu de Hànyǔ biǎodá fāngshì lǐjiěbuliǎo.
ナオツリー メイ ヨウ ダ ハンイー ピャオター ファンシー リーチエプリャオ

461 頭の中に入っていない中国語の表現は聞いても理解できません。

★ 听：聞く

脑子里 没 有 的 汉语 表达 方式 听了 也 不 懂。
Nǎozili méi yǒu de Hànyǔ biǎodá fāngshì tīngle yě bù dǒng.
ナオツリー メイ ヨウ ダ ハンイー ピャオター ファンシー ティンラ イエ プー トン

462 頭の中に入っていない中国語の表現は話すことも書くこともできません。

脑子里 没 有 的 汉语 表达 方式 说不出 也 写不出。
Nǎozili méi yǒu de Hànyǔ biǎodá fāngshì shuōbuchū yě xiěbuchū.
ナオツリー メイ ヨウ ダ ハンイー ピャオター ファンシー シュオープチュー イエ シエプチュー

463 重要なのは頭の中に大量の中国語の語彙を入れることです。

★ 记住：記憶する
★ 词汇：語彙

重要 的 是 记住 大量 的 汉语 词汇。
Zhòngyào de shì jìzhù dàliàng de Hànyǔ cíhuì.
チョンヤオ ダ シー チーチュー ターリャン ダ ハンイー ツーフイ

464 重要なのは聞いた中国語をまねることです。

★ 模仿：まねる

重要 的 是 模仿 听到 的 汉语。
Zhòngyào de shì mófǎng tīngdào de Hànyǔ.
チョンヤオ ダ シー モーファン ティンタオ ダ ハンイー

465 重要なのは中国語をたくさん読んでたくさん聞くことです。

重要 的 是 多 读 多 听 汉语。
Zhòngyào de shì duō dú duō tīng Hànyǔ.
チョンヤオ ダ シー トゥオー トゥー トゥオー ティン ハンイー

466 私は毎日中国語の新聞を読んでいます。

我 每天 看 中文 报纸。
Wǒ měitiān kàn Zhōngwén bàozhǐ.
ウォー メイティエン カン チョンウェン パオチー

467 私は毎日中国語で日記をつけています。

我 每天 用 汉语 写 日记。
Wǒ měitiān yòng Hànyǔ xiě rìjì.
ウォー メイティン ヨン ハンイー シエ リーチー

468 あなたは月に何冊中国語の本を読みますか。

你 一 个 月 看 几 本 汉语 书?
Nǐ yí ge yuè kàn jǐ běn Hànyǔ shū?
ニー イー ガ ユエ カン チー ペン ハンイー シュー

469 あなたは中国語を話すのと聞くのとではどちらが難しいと思いますか。

你 觉得 说 汉语 和 听 汉语 哪个 难?
Nǐ juéde shuō Hànyǔ hé tīng Hànyǔ nǎge nán?
ニー チュエダ シュオー ハンイー ハー ティン ハンイー ナーガ ナン

★ 难:難しい

470 あなたは仕事で中国語を使いますか。

你 工作上 用 汉语 吗?
Nǐ gōngzuòshang yòng Hànyǔ ma?
ニー コンツオシャン ヨン ハンイー マ

471 あなたは中国語でビジネスレターが書けますか。

你 能 用 汉语 写 商业 书信 吗?
Nǐ néng yòng Hànyǔ xiě shāngyè shūxìn ma?
ニー ナン ヨン ハンイー シエ シャンイエ シューシン マ

★ 商业 书信:ビジネスレター

472 あなたは中国語で商談できますか。

★ 洽谈：商談する

你 能 用 汉语 洽谈 吗?
Nǐ néng yòng Hànyǔ qiàtán ma?
ニー ナン ヨン ハンイー チャータン マ

473 私は中国語を使う仕事に就きたいです。

我 想 找 用 汉语 的 工作。
Wǒ xiǎng zhǎo yòng Hànyǔ de gōngzuò.
ウォー シャン チャオ ヨン ハンイー ダ コンツオ

474 中国語の四声はとても難しいです。

汉语 的 四声 非常 难。
Hànyǔ de sìshēng fēicháng nán.
ハンイー ダ スーシェン フェイチャン ナン

475 私は中国語で自分の言いたいことがうまく言えません。

我 用 汉语 说不好 想 说 的 话。
Wǒ yòng Hànyǔ shuōbuhǎo xiǎng shuō de huà.
ウォー ヨン ハンイー シュオープハオ シャン シュオー ダ フア

476 私は会話と聞き取りがだめです。

★ 听力：聞き取り

我 会话 和 听力 不 行。
Wǒ huìhuà hé tīnglì bù xíng.
ウォー フイフア ハー ティンリー プー シン

477 早口で話されると全然聞き取れません。

说得 快 的 话 完全 听不懂。
Shuōde kuài de huà wánquán tīngbudǒng.
シュオーダ クアイ ダ フア ワンチュアン ティンプトン

478 中国語以外にあなたは何語が話せますか。

★ 除了…以外：…を除いて
★ 语言：言語

除了 汉语 以外 你 还 会 说 什么 语言?
Chúle Hànyǔ yǐwài nǐ hái huì shuō shénme yǔyán?
チューラ ハンイー イーワイ ニー ハイ フイ シュオー シェンマ イーイエン

3 仕　　事

479 あなたはどんな仕事をされていますか。
★ 工作：仕事

你 做 什么 工作?
Nǐ zuò shénme gōngzuò?
ニー ツオ シェンマ コンツオ

480 あなたはどこの会社にお勤めですか。
★ 家：企業などを数える量詞
★ 工作：勤める

你 在 哪 家 公司 工作?
Nǐ zài nǎ jiā gōngsī gōngzuò?
ニー ツァイ ナー チャー コンスー コンツオ

481 あなたは会社員ですか自営業ですか。
★ 公司 职员：会社員
★ 个体户：自営業者

你 是 公司 职员 还是 个体户?
Nǐ shì gōngsī zhíyuán háishi gètǐhù?
ニー シー コンスー チーユアン ハイシー カーティーフー

482 私はテレビ局に勤めています。
★ 电视台：テレビ局

我 在 电视台 工作。
Wǒ zài diànshìtái gōngzuò.
ウォー ツァイ ティエンシータイ コンツオ

483 おたくの会社の勤務時間は何時から何時までですか。

你们 公司 的 工作 时间 是 从 几 点 到 几 点?
Nǐmen gōngsī de gōngzuò shíjiān shì cóng jǐ diǎn dào jǐ diǎn?
ニーメン コンスー ダ コンツオ シーチエン シー ツォン チー ティエン タオ チー ティエン

484 うちの会社の勤務時間は9時から5時までです。

我们 公司 的 工作 时间 是 从 九 点 到 五 点。
Wǒmen gōngsī de gōngzuò shíjiān shì cóng jiǔ diǎn dào wǔ diǎn.
ウォーメン コンスー ダ コンツオ シーチエン シー ツォン チュウ ティエン タオ ウー ティエン

485 おたくの会社は何曜日が休みですか。

你们 公司 星期 几 休息?
Nǐmen gōngsī xīngqī jǐ xiūxi?
ニーメン コンスー シンチー チー シュウシ

486 うちの会社は土日が休みです。

我们 公司 六、日 休息。
Wǒmen gōngsī liù、rì xiūxi.
ウォーメン コンスー リュウ リー シュウシ

487 あなたの月給はいくらですか。

★ 月薪：月給

你 的 月薪 是 多少?
Nǐ de yuèxīn shì duōshao?
ニー ダ ユエシン シー トゥオシャオ

488 私の月給は手取りで45万円です。

我 的 月薪 纯收入 是 四十五万 日元。
Wǒ de yuèxīn chúnshōurù shì sìshiwǔwàn Rìyuán.
ウォー ダ ユエシン チュンショウルー シー スーシーウーワン リーユアン

★ 纯收入：手取り

489 おたくの会社ではボーナスは年何回出ますか。

★ 发：支給する
★ 奖金：ボーナス

你们 公司 一 年 发 几 次 奖金?
Nǐmen gōngsī yì nián fā jǐ cì jiǎngjīn?
ニーメン コンスー イー ニエン ファー チー ツー チャンチン

490 うちの会社は7月と12月にボーナスが出ます。

我们 公司 七月 和 十二月 发 奖金。
Wǒmen gōngsī qīyuè hé shí'èryuè fā jiǎngjīn.
ウォーメン コンスー チーユエ ハー シーアーユエ ファー チャンチン

491 夏のボーナスは30パーセントカットされました。

夏天 的 奖金 减少 了 百 分 之 三十。
Xiàtiān de jiǎngjīn jiǎnshǎo le bǎi fēn zhī sānshí.
シャーティエン ダ チャンチン チエンシャオ ラ パイ フェン チー サンシー

★ 减少：少なくなる

492 冬のボーナスはゼロでした。

冬天 的 奖金 是 零。
Dōngtiān de jiǎngjīn shì líng.
トンティエン ダ チャンチン シーリン

493 あなたは1週間に何時間残業しますか。

你 一 周 加 几 个 小时 班?
Nǐ yì zhōu jiā jǐ ge xiǎoshí bān?
ニー イー チョウ チャー チー ガ シャオシー パン

★ 加班：残業する

494 私は1週間に15時間残業します。

我 一 周 加 十五 个 小时 班。
Wǒ yì zhōu jiā shíwǔ ge xiǎoshí bān.
ウォー イー チョウ チャー シーウー ガ シャオシー パン

495 私は就職活動で忙しいです。

我 正 忙着 找 工作。
Wǒ zhèng mángzhe zhǎo gōngzuò.
ウォー チェン マンチャ チャオ コンツオ

496 私は香港銀行に就職が決まりました。

★ 定：決まる
★ 下来：動詞の後に置かれ動作の完了・固定を表す

我 在 香港 银行 工作 的 事 定下来 了。
Wǒ zài Xiānggǎng Yínháng gōngzuò de shì dìngxiàlai le.
ウォー ツァイ シャンカン インハン コンツオ ダ シー ティンシャーライ ラ

497 私は正社員です。

我 是 正式 职员。
Wǒ shì zhèngshì zhíyuán.
ウォー シー チェンシー チーユアン

498 私は契約社員です。

★ 合同：契約

我 是 合同 职员。
Wǒ shì hétong zhíyuán
ウォー シー ハートン チーユアン

499 私は大企業に勤めたいです。

我 想 在 大 企业 工作。
Wǒ xiǎng zài dà qǐyè gōngzuò.
ウォー シャン ツァイ ター チーイエ コンツオ

500 私は営業部で仕事をしています。

我 在 营业部 工作。
Wǒ zài yíngyèbù gōngzuò.
ウォー ツァイ インイエプー コンツオ

501 私は去年退職しました。

★ 退职：退職する

我 去年 退职 了。
Wǒ qùnián tuìzhí le.
ウォー チーニエン トゥイチー ラ

502 私は去年定年退職しました。

我 去年 退休 了。
Wǒ qùnián tuìxiū le.
ウォー チーニエン トゥイシュウ ラ

503 あなたは今の仕事が好きですか。

你 喜欢 现在 的 工作 吗?
Nǐ xǐhuan xiànzài de gōngzuò ma?
ニー シーファン シェンツァイ ダ コンツオ マ

504 私は今の仕事が自分に合っていないと思います。

★ 适合：合う

我 觉得 现在 的 工作 不 适合 我。
Wǒ juéde xiànzài de gōngzuò bú shìhé wǒ.
ウォー チュエダ シェンツァイ ダ コンツオ プー シーハー ウォー

505 私はやりがいのある仕事をしたいです。

★ 价值：意味，有効性

我 想 干 有 价值 的 工作。
Wǒ xiǎng gàn yǒu jiàzhí de gōngzuò.
ウォー シャン カン ヨウ チャーチー ダ コンツオ

506 私は転職したいです。

★ 换：換える

我 想 换 工作。
Wǒ xiǎng huàn gōngzuò.
ウォー シャン フアン コンツオ

507 私は転職を考えています。

★ 考虑：考慮する

我 在 考虑 换 工作。
Wǒ zài kǎolǜ huàn gōngzuò.
ウォー ツァイ カオルー フアン コンツオ

4 恋愛・結婚

508 あなたは由美と付き合ってどれくらいになりますか。

★ 交往：付き合う

你和由美交往多长时间了?
Nǐ hé Yóuměi jiāowǎng duō cháng shíjiān le?
ニー ハー ヨウメイ チャオワン トゥオー チャン シーチエン ラ

509 私はジャックと付き合って3年になります。

我和杰克交往三年了。
Wǒ hé Jiékè jiāowǎng sān nián le.
ウォー ハー チエカー チャオワン サン ニエン ラ

510 私は金曜日に彼とデートです。

★ 约会：デートする

我星期五跟他约会。
Wǒ xīngqīwǔ gēn tā yuēhuì.
ウォー シンチーウー ケン ター ユエフイ

511 私は彼女に一目ぼれしました。

★ 一见钟情：一目ぼれする

我对她一见钟情。
Wǒ duì tā yí jiàn zhōng qíng.
ウォー トゥイ ター イー チエン チョン チン

512 あなたは彼にプロポーズしましたか。

你向他求婚了吗?
Nǐ xiàng tā qiúhūn le ma?
ニー シャン ター チュウフン ラ マ

513 私はもう彼女と別れました。

★ 分手：別れる

我已经跟她分手了。
Wǒ yǐjing gēn tā fēnshǒu le.
ウォー イーチン ケン ター フェンショウ ラ

514 私は30歳までには結婚したいです。

★ 之前：…の前

我 想 三十 岁 之前 结婚。
Wǒ xiǎng sānshí suì zhīqián jiéhūn.
ウォー シャン サンシー スイ チーチエン チエフン

515 あなたは結婚していますか。

你 结婚 了 吗?
Nǐ jiéhūn le ma?
ニー チエフン ラ マ

516 あなたは独身ですかそれとも結婚していますか。

你 独身 还是 结婚 了?
Nǐ dúshēn háishi jiéhūn le?
ニー トゥーシェン ハイシー チエフン ラ

517 私は去年結婚しました。

我 去年 结的婚。
Wǒ qùnián jiédehūn.
ウォー チーニエン チエダフン

518 私は先月結婚しました。

我 上个月 结的婚。
Wǒ shànggeyuè jiédehūn.
ウォー シャンガユエ チエダフン

519 私は新婚ほやほやです。

★ 刚刚：…したばかり

我 刚刚 结婚。
Wǒ gānggāng jiéhūn.
ウォー カンカン チエフン

520 今年の６月で私たちは結婚して４年になります。

到 今年 六月 我们 结婚 四 年 了。
Dào jīnnián liùyuè wǒmen jiéhūn sì nián le.
タオ チンニエン リュウユエ ウォーメン チエフン スー ニエン ラ

521 あなたは彼とどうやって知り合いましたか。

你 和 他 怎么 认识 的?
Nǐ hé tā zěnme rènshi de?
ニー ハー ター ツェンマ レンシー ダ

522 私は友達の紹介で彼と知り合いました。

我 通过 朋友 的 介绍 和 他 认识 的。
Wǒ tōngguò péngyou de jièshào hé tā rènshi de.
ウォー トンクオ パンヨウ ダ チエシャオ ハー ター レンシー ダ

★ 通过：…を通して

523 あなたは恋愛結婚ですか，それとも見合い結婚ですか。

你 是 自由 恋爱 结的婚 还是 相亲 结的婚?
Nǐ shì zìyóu liàn'ài jiédehūn háishi xiāngqīn jiédehūn?
ニー シー ツーヨウ リエンアイ チエダフン ハイシー シャンチン チエダフン

524 結婚式はどこで挙げましたか。

婚礼 在 哪儿 举行 的?
Hūnlǐ zài nǎr jǔxíng de?
フンリー ツァイ ナー チューシン ダ

★ 挙行：行う

525 新婚旅行はどこへ行きたいですか。

新婚 旅行 想 去 哪儿?
Xīnhūn lǚxíng xiǎng qù nǎr?
シンフン ルーシン シャン チー ナー

526 新婚旅行は10日間フランスへ行きました。

新婚 旅行 去了 法国 十 天。
Xīnhūn lǚxíng qùle Fǎguó shí tiān.
シンフン ルーシン チーラ ファークオ シー ティエン

527 子供は何人ほしいですか。

想 要 几 个 孩子?
Xiǎng yào jǐ ge háizi?
シャン ヤオ チー ガ ハイツ

528 子供は3人ほしいです。

想 要 三 个 孩子。
Xiǎng yào sān ge háizi.
シャン ヤオ サン ガ ハイツ

529 子供はいつ生まれましたか。

孩子 什么 时候 出生 的?
Háizi shénme shíhou chūshēng de?
ハイツ シェンマ シーホウ チューシェン ダ

530 夫婦はうまくいっていますか。

★ 关系：関係

夫妻 关系 好 吗?
Fūqī guānxi hǎo ma?
フーチー クアンシ ハオ マ

531 私は2年前に離婚しました。

我 两 年 前 离 的 婚。
Wǒ liǎng nián qián lí de hūn.
ウォー リャン ニエン チエン リー ダ フン

532 離婚の原因は何ですか。

离婚 的 原因 是 什么?
Líhūn de yuányīn shì shénme?
リーフン ダ ユアンイン シー シェンマ

5 テレビ

533 あなたの家にはテレビは何台ありますか。

你家有几台电视机?
Nǐ jiā yǒu jǐ tái diànshìjī?
ニー チャー ヨウ チー タイ ティエンシーチー

534 私の家にはテレビは3台あります。

我家有三台电视机。
Wǒ jiā yǒu sān tái diànshìjī.
ウォー チャー ヨウ サン タイ ティエンシーチー

535 あなたは1日に何時間テレビを見ますか。

你一天看几个小时电视?
Nǐ yì tiān kàn jǐ ge xiǎoshí diànshì?
ニー イー ティエン カン チー ガ シャオシー ティエンシー

536 私は毎日3時間テレビを見ます。

我每天看三个小时电视。
Wǒ měitiān kàn sān ge xiǎoshí diànshì.
ウォー メイティエン カン サン ガ シャオシー ティエンシー

537 私は毎日4時間以上テレビを見ます。

我每天看四个小时以上电视。
Wǒ měitiān kàn sì ge xiǎoshí yǐshàng diànshì.
ウォー メイティエン カン スー ガ シャオシー イーシャン ティエンシー

538 私はほとんどテレビを見ません。

★ 几乎：ほとんど

我几乎不看电视。
Wǒ jīhū bú kàn diànshì.
ウォー チーフー プー カン ティエンシー

539 あなたはどんなテレビ番組が好きですか。

★ 什么样：どんな
★ 节目：番組

你 喜欢 看 什么样 的 电视 节目?
Nǐ xǐhuan kàn shénmeyàng de diànshì jiémù?
ニー シーファン カン シェンマヤン ダ ティエンシー チエムー

540 私はニュース番組をよく見ます。

★ 新闻：ニュース

我 经常 看 新闻 节目。
Wǒ jīngcháng kàn xīnwén jiémù.
ウォー チンチャン カン シンウェン チエムー

541 テレビをつけてくれませんか。

★ 打开：つける

请 你 打开 电视，好 吗?
Qǐng nǐ dǎkāi diànshì, hǎo ma?
チン ニー ターカイ ティエンシー ハオ マ

542 テレビを消してくれませんか。

★ 关：(スイッチを) 切る
★ 上：動詞の後ろに置かれ到達を表す

请 你 关上 电视，好 吗?
Qǐng nǐ guānshang diànshì, hǎo ma?
チン ニー クアンシャン ティエンシー ハオ マ

543 テレビのボリュームをあげてくれませんか。

请 你 把 电视 音量 开 大 点儿，好 吗?
Qǐng nǐ bǎ diànshì yīnliàng kāi dà diǎnr, hǎo ma?
チン ニー パー ティエンシー インリャン カイ ター ティアー ハオ マ

544 テレビのボリュームをさげてくれませんか。

请 你 把 电视 音量 开 小 点儿，好 吗?
Qǐng nǐ bǎ diànshì yīnliàng kāi xiǎo diǎnr, hǎo ma?
チン ニー パー ティエンシー インリャン カイ シャオ ティアー ハオ マ

545 寝る前にテレビを消しなさい。

睡 前 关上 电视。
Shuì qián guānshang diànshì.
シュイ チエン クアンシャン ティエンシー

546 あなたの車にはテレビはついていますか。

★ 带：ついている

你 的 车 带 电视 吗?
Nǐ de chē dài diànshì ma?
ニー ダ チャー タイ ティエンシー マ

547 中国にもテレビ電話はありますか。

中国 也 有 电视 电话 吗?
Zhōngguó yě yǒu diànshì diànhuà ma?
チョングオ イエ ヨウ ティエンシー ティエンフア マ

548 あなたの好きなテレビタレントは誰ですか。

你 喜欢 的 电视 演员 是 谁?
Nǐ xǐhuan de diànshì yǎnyuán shì shéi?
ニー シーファン ダ ティエンシー イエンユアン シー シェイ

6 映画・音楽

549 あなたは月に何本映画を見ますか。

★ 部：映画などを数える量詞

你 一 个 月 看 几 部 电影?
Nǐ yí ge yuè kàn jǐ bù diànyǐng?
ニー イー ガ ユエ カン チー プー ティエンイン

550 私は月に10本くらい映画を見ます。

★ 左右：…くらい

我 一 个 月 看 十 部 左右 电影。
Wǒ yí ge yuè kàn shí bù zuǒyòu diànyǐng.
ウォー イー ガ ユエ カン シー プー ツオヨウ ティエンイン

551 あなたはよく映画を見に行きますか。

你 经常 去 看 电影 吗?
Nǐ jīngcháng qù kàn diànyǐng ma?
ニー チンチャン チー カン ティエンイン マ

552 私は毎週映画を見に行きます。

我 每 星期 都 去 看 电影。
Wǒ měi xīngqī dōu qù kàn diànyǐng.
ウォー メイ シンチー トォウ チー カン ティエンイン

553 私は映画マニアです。

★ 影："电影"の略
★ 迷：マニア，ファン

我 是 影迷。
Wǒ shì yǐngmí.
ウォー シー インミー

554 あなたの好きな映画俳優は誰ですか。

你 喜欢 的 电影 演员 是 谁?
Nǐ xǐhuan de diànyǐng yǎnyuán shì shéi?
ニー シーファン ダ ティエンイン イエンユアン シー シェイ

555 あなたはどんな映画が好きですか。

你 喜欢 什么样 的 电影?
Nǐ xǐhuan shénmeyàng de diànyǐng?
ニー シーファン シェンマヤン ダ ティエンイン

556 現在，中国ではどんな映画が上映されていますか。

现在 中国 在 放映 什么样 的 电影?
Xiànzài Zhōngguó zài fàngyìng shénmeyàng de diànyǐng?
シェンツァイ チョングオ ツァイ ファンイン シェンマヤン ダ ティエンイン

★ 放映：上映する

557 彼女には音楽の素質があります。

她 有 音乐 天分。
Tā yǒu yīnyuè tiānfèn.
ター ヨウ インユエ ティエンフェン

★ 天分：素質

558 私は音痴です。

我 是 五音 不 全 的 人。
Wǒ shì wǔyīn bù quán de rén.
ウォー シー ウーイン プー チュアン ダ レン

559 私は歌がうまくありません。

我 唱 歌 唱得 不 好。
Wǒ chàng gē chàngde bù hǎo.
ウォー チャン カー チャンダ プー ハオ

560 私はカラオケで歌うのが好きです。

我 喜欢 唱 卡拉OK。
Wǒ xǐhuan chàng kǎlā OK.
ウォー シーファン チャン カラオウケイ

561 カラオケに行くのはどうですか。

去 卡拉OK 怎么样?
Qù kǎlā OK zěnmeyàng?
チー カラオウケイ ツェンマヤン

562 あなたはどんな楽器が演奏できますか。

你 会 演奏 什么 乐器?
Nǐ huì yǎnzòu shénme yuèqì?
ニー フイ イェンツォウ シェンマ ユエチー

563 私は楽器は何も演奏できません。

我 什么 乐器 也 不 会 演奏。
Wǒ shénme yuèqì yě bú huì yǎnzòu.
ウォー シェンマ ユエチー イエ プーフイ イエンツォウ

564 私はピアノが弾けます。

我 会 弹 钢琴。
Wǒ huì tán gāngqín.
ウォー フイ タン カンチン

★ 弾:(弦楽器, 鍵楽器を)演奏する

565 私はトランペットを吹くことができます。

我 会 吹 小号。
Wǒ huì chuī xiǎohào.
ウォー フイ チュイ シャオハオ

★ 吹:(楽器を)吹く

566 私の趣味は音楽を聞くことです。

我 的 爱好 是 听 音乐。
Wǒ de àihào shì tīng yīnyuè.
ウォー ダ アイハオ シー ティン インユエ

★ 爱好:趣味

567 あなたはどんな音楽が好きですか。

你 喜欢 什么 音乐?
Nǐ xǐhuan shénme yīnyuè?
ニー シーファン シェンマ インユエ

568 私はクラシックが好きです。

我 喜欢 古典音乐。
Wǒ xǐhuan gǔdiǎnyīnyuè.
ウォー シーファン クーティエンインユエ

569 私はポップスが好きです。

我 喜欢 流行歌曲。
Wǒ xǐhuan liúxínggēqǔ.
ウォー シーファン リュウシンカーチー

7 自動車

570 あなたは車を運転できますか。

你 会 开车 吗?
Nǐ huì kāichē ma?
ニー フイ カイチャー マ

571 私は車を運転できません。

我 不 会 开车。
Wǒ bú huì kāichē.
ウォー プー フイ カイチャー

572 私はスピード違反で捕まったことがあります。

★ 因：…のために
★ 超速：速度オーバーする
★ 驾驶：運転する
★ 抓：捕まる

我 因 超速 驾驶 被 抓过。
Wǒ yīn chāosù jiàshǐ bèi zhuāguo.
ウォー イン チャオスー チャーシー ペイ チュアクオ

573 私は飲酒運転で捕まったことがあります。

我 因 酒后 驾驶 被 抓过。
Wǒ yīn jiǔhòu jiàshǐ bèi zhuāguo.
ウォー イン チュウホウ チャーシー ペイ チュアクオ

574 私は先月運転免許を取りました。

★ 取得：取得する
★ 执照：許可書

我 上月 取得 驾驶 执照 了。
Wǒ shàngyuè qǔdé jiàshǐ zhízhào le.
ウォー シャンユエ チーター チャーシー チーチャオ ラ

575 ドライブに行きましょう。

★ 兜风：ドライブする

咱们 去 兜风 吧。
Zánmen qù dōufēng ba.
ツァンメン チー トウフォン バ

576 私は車で通勤しています。

★ 上班：通勤する

我 开车 上班。
Wǒ kāichē shàngbān.
ウォー カイチャー シャンパン

577	あなたはどんな車に乗っていますか。	你 开 什么样 的 车? Nǐ kāi shénmeyàng de chē? ニー カイ シェンマヤン ダ チャー
578	私はベンツに乗っています。	我 开 奔驰。 Wǒ kāi Bēnchí. ウォー カイ ペンチー
579	私は車の運転がうまくありません。	我 开车 开得 不 好。 Wǒ kāichē kāide bù hǎo. ウォー カイチャー カイダ プー ハオ
580	私は車の運転が慎重です。 ★ 小心：慎重である	我 开车 开得 很 小心。 Wǒ kāichē kāide hěn xiǎoxīn. ウォー カイチャー カイダ ヘン シャオシン
581	あなたは交通事故を起こしたことがありますか。 ★ 出：起こす	你 出过 交通 事故 吗? Nǐ chūguo jiāotōng shìgù ma? ニー チュークオ チャオトン シークー マ
582	駅まで車に乗せてもらえますか。	可以 坐 你 的 车 去 车站 吗? Kěyǐ zuò nǐ de chē qù chēzhàn ma? カーイー ツオ ニー ダ チャー チー チャーチャン マ
583	駅まで乗せていってあげましょう。	我 开车 送 你 去 车站 吧。 Wǒ kāichē sòng nǐ qù chēzhàn ba. ウォー カイチャー ソン ニー チー チャーチャン バ
584	タイヤがパンクしました。 ★ 轮胎：タイヤ ★ 爆：パンクする	轮胎 爆 了。 Lúntāi bào le. ルンタイ パオ ラ

585 ガソリンがほとんどありません。

★ 汽油：ガソリン

汽油 几乎 没 有 了。
Qìyóu jīhū méi yǒu le.
チーヨウ チーフー メイ ヨウ ラ

586 満タンにしてください。

★ 加油：給油する

请 加满油。
Qǐng jiāmǎnyóu.
チン チャーマンヨウ

8 スポーツ

587 あなたはどんなスポーツをしていますか。

你 做 什么 运动?
Nǐ zuò shénme yùndòng?
ニー ツオ シェンマ ユントン

588 あなたは何かスポーツをしていますか。

你 做 什么 运动 吗?
Nǐ zuò shénme yùndòng ma?
ニー ツオ シェンマ ユントン マ

589 あなたはどんなスポーツが好きですか。

你 喜欢 什么 运动?
Nǐ xǐhuan shénme yùndòng?
ニー シーファン シェンマ ユントン

590 私の好きなスポーツはサッカーです。

我 喜欢 的 运动 是 足球。
Wǒ xǐhuan de yùndòng shì zúqiú.
ウォー シーファン ダ ユントン シー ツーチュー

591 私は野球を見るのもするのも好きです。

我 既 喜欢 看 也 喜欢 打 棒球。
Wǒ jì xǐhuan kàn yě xǐhuan dǎ bàngqiú.
ウォー チー シーファン カン イエ シーファン ター パンチュウ

★ 既…也〜：…でもあり〜でもある
★ 打：(球技などを) する

592 私はテニス歴8年です。

我 打 网球 打了 八 年 了。
Wǒ dǎ wǎngqiú dǎle bā nián le.
ウォー ター ワンチュウ ターラ パーニエン ラ

593 私はテニスがうまいです。

我 打 网球 打得 很 好。
Wǒ dǎ wǎngqiú dǎde hěn hǎo.
ウォー ター ワンチュウ ターダ ヘン ハオ

594 私は最近太極拳を始めました。

我 最近 开始 打 太极拳 了。
Wǒ zuìjìn kāishǐ dǎ tàijíquán le.
ウォー ツイチン カイシー ター タイチーチュアン ラ

595 私は太極拳を始めてもう10年です。

我 打 太极拳 已经 打了 十 年 了。
Wǒ dǎ tàijíquán yǐjing dǎle shí nián le.
ウォー ター タイチーチュアン イーチン ターラ シー ニエン ラ

596 私は毎日,公園でジョギングをしています。

我 每天 在 公园 里 跑步。
Wǒ měitiān zài gōngyuán li pǎobù.
ウォー メイティエン ツァイ コンユアン リ パオプー

597 私は何もスポーツをしていません。

我 什么 运动 也 不 做。
Wǒ shénme yùndòng yě bú zuò.
ウォー シェンマ ユントン イエ プーツオ

598 私は毎年冬に,北海道へスキーに行きます。

我 每年 冬天 去 北海道 滑雪。
Wǒ měinián dōngtiān qù Běihǎidào huáxuě.
ウォー メイニエン トンティエン チー ペイハイタオ フアーシュエ

★ 滑雪：スキーをする

599 私は毎年夏に,熱海へ海水浴に行きます。

我 每年 夏天 去 热海 海水浴。
Wǒ měinián xiàtiān qù Rèhǎi hǎishuǐyù.
ウォー メイニエン シャーティエン チー ジャーハイ ハイシュイイー

600 泳ぎに行きましょう。

咱们 去 游泳 吧。
Zánmen qù yóuyǒng ba.
ツァンメン チー ヨウヨン バ

601 私の一番得意な泳ぎは平泳ぎです。

★ 拿手：得意である

我 最 拿手 的 是 蛙泳。
Wǒ zuì náshǒu de shì wāyǒng.
ウォー ツイ ナーショウ ダ シーワーヨン

602 私はよく山中湖に釣りに行きます。

★ 钓：釣る

我 经常 去 山中湖 钓 鱼。
Wǒ jīngcháng qù Shānzhōnghú diào yú.
ウォー チンチャン チー シャンチョンフー ティャオ イー

603 私は野球ファンです。

我 是 棒球迷。
Wǒ shì bàngqiúmí.
ウォー シー パンチュウミー

604 あなたはどのチームを応援していますか。

★ 声援：応援する
★ 队：チーム

你 声援 哪个 队？
Nǐ shēngyuán nǎge duì?
ニー シェンユアン ナーガ トゥイ

605 私は巨人を応援しています。

我 声援 巨人。
Wǒ shēngyuán Jùrén.
ウォー シェンユアン チーレン

606 私はきのう甲子園球場へ巨人・阪神戦を見に行きました。

★ 比赛：試合

我 昨天 去 甲子园 棒球场 看 巨人 对 阪神 的 比赛 了。
Wǒ zuótiān qù Jiǎzǐyuán Bàngqiúchǎng kàn Jùrén duì Bǎnshén de bǐsài le.
ウォー ツオティエン チー チャーツーユアン パンチュウチャン カン チーレン トゥイ パンシェン ダ ピーサイ ラ

607 試合は8対3で巨人が勝ちました。

★ 赢：勝つ

比赛 结果 八 比 三 巨人 赢 了。
Bǐsài jiéguǒ bā bǐ sān Jùrén yíng le.
ピーサイ チエクオ パー ピー サン チーレン イン ラ

9 天　気

608 東京の天気はどうですか。

东京 的 天气 怎么样?
Dōngjīng de tiānqì zěnmeyàng?
トンチン ダ ティエンチー
ツェンマヤン

609 そちらの天気はどうですか。

你 那儿 的 天气 怎么样?
Nǐ nàr de tiānqì zěnmeyàng?
ニー ナー ダ ティエンチー
ツェンマヤン

610 そちらは雨ですか。

★ 下 雨：雨が降る

你 那儿 下 雨 吗?
Nǐ nàr xià yǔ ma?
ニー ナー シャー イー マ

611 きょうはとてもいい天気です。

今天 天气 非常 好。
Jīntiān tiānqì fēicháng hǎo.
チンティエン ティエンチー
フェイチャン ハオ

612 きょうは雲ひとつない天気です。

★ 无：存在しない

今天 是 万里 无 云 的 天气。
Jīntiān shì wànlǐ wú yún de tiānqì.
チンティエン シー ワンリー ウー
ユン ダ ティエンチー

613 きのうはひどい天気でした。

★ 特别：とりわけ

昨天 天气 特别 不 好。
Zuótiān tiānqì tèbié bù hǎo.
ツオティエン ティエンチー タービエ
プー ハオ

614 天気予報はよくあたります。

★ 准：確かである

天气 预报 很 准。
Tiānqì yùbào hěn zhǔn.
ティエンチー イーパオ ヘン チュン

615 天気予報はあてになりません。

天气 预报 不 准。
Tiānqì yùbào bù zhǔn.
ティエンチー イーパオ プー チュン

616 天気予報では明日は雨です。

天气 预报 说 明天 有 雨。
Tiānqì yùbào shuō míngtiān yǒu yǔ.
ティエンチー イーパオ シュオー ミンティエン ヨウ イー

617 天気予報では明日は午前中は雨, 午後は雪です。

天气 预报 说 明天 上午 有 雨, 下午 有 雪。
Tiānqì yùbào shuō míngtiān shàngwǔ yǒu yǔ, xiàwǔ yǒu xuě.
ティエンチー イーパオ シュオー ミンティエン シャンウー ヨウ イー シャーウー ヨウ シュエ

618 きょうは一日中雨でした。

今天 下了 一 天 的 雨。
Jīntiān xiàle yì tiān de yǔ.
チンティエン シャーラ イー ティエン ダ イー

619 私は雨の日は嫌いです。

我 讨厌 雨天。
Wǒ tǎoyàn yǔtiān.
ウォー タオイエン イーティエン

620 私は雨の日は気分が落ち込みます。

我 雨天 情绪 低落。
Wǒ yǔtiān qíngxù dīluò.
ウォー イーティエン チンシー ティールオ

★ 情绪 低落：意気が消沈する

621 外は土砂降りの雨です。

外面 下着 倾盆 大雨。
Wàimian xiàzhe qīngpén dàyǔ.
ワイミエン シャーチャ チンペン ターイー

★ 倾盆 大雨：土砂降りの雨

622 やはり傘を持っていくほうがいいですよ。

还是 带着 雨伞 去 最好。
Háishi dàizhe yǔsǎn qù zuìhǎo.
ハイシー タイチャ イーサン チー ツイハオ

★ 还是：やはり

623 雨がやむまでここにいましょう。

咱们 在 这儿 等到 雨 停 吧。

Zánmen zài zhèr děngdào yǔ tíng ba.
ツァンメン ツァイ チャー タンタオ イー ティン バ

★ 等：待つ

624 台風が近づいています。

台风 快 来 了。

Táifēng kuài lái le.
タイフォン クアイ ライ ラ

★ 快…了：もうすぐ…である

625 今朝台風10号が海南地方に上陸しました。

今天 早晨 十 号 台风 在 海南 地区 登陆 了。

Jīntiān zǎochen shí hào táifēng zài Hǎinán dìqū dēnglù le.
チンティエン ツァオチェン シー ハオ タイフォン ツァイ ハイナン ティーチー タンルー ラ

★ 早晨：朝
★ 登陆：上陸する

626 だんだん寒くなってきましたね。

渐渐 冷 了。

Jiànjiàn lěng le.
チエンチエン ラン ラ

★ 渐渐：だんだん

627 だんだん暖かくなってきましたね。

渐渐 暖和 了。

Jiànjiàn nuǎnhuo le.
チエンチエン ヌアンフオ ラ

628 だんだん日が短くなってきましたね。

天 渐渐 短 了。

Tiān jiànjiàn duǎn le.
ティエン チエンチエン トゥアン ラ

629 だんだん日が長くなってきましたね。

天 渐渐 长 了。

Tiān jiànjiàn cháng le.
ティエン チエンチエン チャン ラ

630 きょうは暑いです。

今天 很 热。

Jīntiān hěn rè.
チンティエン ヘン ジャー

631 きょうは蒸し暑いです。

★ 闷热：蒸し暑い

今天 很 闷热。
Jīntiān hěn mēnrè.
チンティエン ヘン メンジャー

632 きょうは寒いです。

今天 很 冷。
Jīntiān hěn lěng.
チンティエン ヘン ラン

633 きょうは涼しいです。

★ 凉快：涼しい

今天 很 凉快。
Jīntiān hěn liángkuai.
チンティエン ヘン リャンクアイ

634 きょうは風が冷たいです。

今天 风 很 冷。
Jīntiān fēng hěn lěng.
チンティエン フォン ヘン ラン

635 こんな暑さにはもう耐えられません。

★忍受：耐える

这么 热 已经 忍受不了 了。
Zhème rè yǐjing rěnshòubuliǎo le.
チャーマ ジャー イーチン レンショウブリャオ ラ

636 こんな寒さにはもう耐えられません。

这么 冷 已经 忍受不了 了。
Zhème lěng yǐjing rěnshòubuliǎo le.
チャーマ ラン イーチン レンショウブリャオ ラ

637 北京は夏は暑いですか。

北京 夏天 热 吗?
Běijīng xiàtiān rè ma?
ペイチン シャーティエン ジャー マ

638 北京は冬は寒いですか。

北京 冬天 冷 吗?
Běijīng dōngtiān lěng ma?
ペイチン トォンティエン ラン マ

10 ファッション

639 あなたは化粧にどれくらい時間をかけますか。

★ 化妆：化粧する

你 化妆 要 多 长 时间?
Nǐ huàzhuāng yào duō cháng shíjiān?
ニー フアチュアン ヤオ トゥオー チャン シーチエン

640 私は化粧に20分かけます。

我 化妆 要 二十 分钟。
Wǒ huàzhuāng yào èrshí fēnzhōng.
ウォー フアチュアン ヤオ アーシー フェンチョン

641 彼女にはミニスカートがよく似合います。

★ 适合：ちょうど合う
★ 穿：(衣服を) 着る

她 很 适合 穿 迷你裙。
Tā hěn shìhé chuān mínǐqún.
ター ヘン シーハー チュアン ミーニーチュン

642 この服は派手すぎます。

★ 花哨：派手である

这 件 衣服 太 花哨 了。
Zhè jiàn yīfu tài huāshao le.
チャー チエン イーフ タイ フアーシャオ ラ

643 あなたは何色の服が好きですか。

★ 颜色：色

你 喜欢 什么 颜色 的 衣服?
Nǐ xǐhuan shénme yánsè de yīfu?
ニー シーファン シェンマ イエンサー ダ イーフ

644 私は白い色の服が好きです。

我 喜欢 白色 的 衣服。
Wǒ xǐhuan báisè de yīfu.
ウォー シーファン パイサー ダ イーフ

645 あなたの1ヶ月の服代はいくらですか。

你 一 个 月 买 衣服 花 多少 钱?
Nǐ yí ge yuè mǎi yīfu huā duōshao qián?
ニー イー ガ ユエ マイ イーフ
フアー トゥオシャオ チエン

★ 花：使う

646 私は1ヶ月に服に15,000円くらい使います。

我 一 个 月 买 衣服 花 一万 五千 日元 左右。
Wǒ yí ge yuè mǎi yīfu huā yíwàn wǔqiān Rìyuán zuǒyòu.
ウォー イー ガ ユエ マイ イーフ
フアー イーワン ウーチエン
リーユアン ツオヨウ

647 あなたは靴を何足持っていますか。

你 有 几 双 鞋?
Nǐ yǒu jǐ shuāng xié?
ニー ヨウ チー シュアン シエ

648 私は靴を10足持っています。

我 有 十 双 鞋。
Wǒ yǒu shí shuāng xié.
ウォー ヨウ シー シュアン シエ

649 あなたはブランド品が好きですか。

你 喜欢 名牌儿货 吗?
Nǐ xǐhuan míngpáirhuò ma?
ニー シーファン ミンパーフオ マ

★ 名牌儿货：ブランド品

650 私はブランド品に興味がありません。

我 对 名牌儿货 没 有 兴趣。
Wǒ duì míngpáirhuò méi yǒu xìngqù.
ウォー トゥイ ミンパーフオ メイ
ヨウ シンチー

★ 对…兴趣：…に興味がある

651 あなたはこのネクタイをどう思いますか。

你 觉得 这 条 领带 怎么样?
Nǐ juéde zhè tiáo lǐngdài zěnmeyàng?
ニー チュエダ チャー ティャオ
リンタイ ツェンマヤン

11 中　国

652 中国の正式名称は中華人民共和国です。

中国 的 全称 是 中华 人民 共和国。

Zhōngguó de quánchēng shì Zhōnghuá rénmín gònghéguó.
チョングオ ダ チュアンチェン シー チョンフア レンミン コンハークオ

★　全称：正式名称

653 中華人民共和国は1949年に設立されました。

中华 人民 共和国 在 一九四九 年 成立。

Zhōnghuá rénmín gònghéguó zài yījiǔsìjiǔ nián chénglì.
チョンフア レンミン コンハークオ ツァイ イーチュウスーチュウ ニエン チェンリー

★　成立：設立する

654 中国の首都は北京です。

中国 的 首都 是 北京。

Zhōngguó de shǒudū shì Běijīng.
チョングオ ダ ショウトゥー シー ペイチン

655 中国の人口はどれくらいですか。

中国 的 人口 有 多少?

Zhōngguó de rénkǒu yǒu duōshao?
チョングオ ダ レンコウ ヨウ トゥオーシャオ

656 中国の人口は約13億人です。

中国 的 人口 大约 有 十三亿。

Zhōngguó de rénkǒu dàyuē yǒu shísānyì.
チョングオ ダ レンコウ ターユエ ヨウ シーサンイー

★　大约：約

657 中国にはいくつの民族がいますか。

中国 有 多少 个 民族?
Zhōngguó yǒu duōshao ge mínzú?
チョングオ ヨウ トゥオシャオ ガ ミンツー

658 中国には漢民族以外に，55の少数民族がいます。

中国 除了 汉族 以外，有 五十五 个 少数 民族。
Zhōngguó chúle Hànzú yǐwài, yǒu wǔshiwǔ ge shǎoshù mínzú.
チョングオ チューラ ハンツー イーワイ ヨウ ウーシーウー ガ シャオシュー ミンツー

659 中国の面積は約960万平方キロメートルです。

中国 的 面积 大约 为 九百六十万 平方 公里。
Zhōngguó de miànjī dàyuē wéi jiǔbǎiliùshíwàn píngfāng gōnglǐ.
チョングオ ダ ミエンチー ターユエ ウェイ チュウパイリュウシーワン ピンファン コンリー

★ 为：…である
★ 平方 公里：平方キロメートル

660 中国は日本の約26倍の大きさです。

中国 大约 是 日本 的 二十六 倍。
Zhōngguó dàyuē shì Rìběn de èrshiliù bèi.
チョングオ ターユエ シー リーペン ダ アーシーリュウ ペイ

★ 倍：倍

661 中国のお金の単位は何ですか。

中国 的 货币 单位 是 什么?
Zhōngguó de huòbì dānwèi shì shénme ?
チョングオ ダ フオピー タンウェイ シー シェンマ

★ 货币：貨幣

662 中国のお金の単位は元です。

中国 的 货币 单位 是 元。
Zhōngguó de huòbì dānwèi shì yuán.
チョングオ ダ フオピー タンウェイ シー ユアン

663 1元は約15円です。

一 元 大约 是 十五 日元。
Yì yuán dàyuē shì shíwǔ Rìyuán.
イー ユアン ターユエ シー シーウー リーユアン

12 日　本

664 日本は島国です。

日本 是 个 岛国。
Rìběn shì ge dǎoguó.
リーペン シー ガ タオクオ

665 日本は東洋の小さな島国です。

日本 是 东方 的 一 个 小岛国。
Rìběn shì Dōngfāng de yí ge xiǎo dǎoguó.
リーペン シー トンファン ダ イー ガ シャオ タオクオ

★　东方：東洋

666 日本は四方が海です。

日本 四面 是 海。
Rìběn sìmiàn shì hǎi.
リーペン スーミエン シー ハイ

667 日本の面積は約37万平方キロメートルです。

日本 的 面积 大约 为 三十七万 平方 公里。
Rìběn de miànjī dàyuē wéi sānshiqīwàn píngfāng gōnglǐ.
リーペン ダ ミエンチー ターユエ ウェイ サンシーチーワン ピンファン コンリー

668 日本の70パーセントくらいが山地です。

日本 的 百 分 之 七十 左右 是 山地。
Rìběn de bǎi fēn zhī qīshí zuǒyòu shì shāndì.
リーペン ダ パイ フェン チー チーシー ツオヨウ シー シャンティー

669 日本の人口は約1億3,000万人です。

日本 的 人口 大约 有 一亿 三千万。
Rìběn de rénkǒu dàyuē yǒu yíyì sānqiānwàn.
リーペン ダ レンコウ ターユエ ヨウ イーイー サンチエンワン

670 日本には温泉がたくさんあります。

日本 有 很 多 温泉。
Rìběn yǒu hěn duō wēnquán.
リーペン ヨウ ヘン トゥオー ウェンチュアン

671 温泉が好きな日本人はたくさんいます。

喜欢 洗 温泉 的 日本人 很 多。
Xǐhuan xǐ wēnquán de Rìběnrén hěn duō.
シーファン シー ウェンチュアン ダ リーペンレン ヘン トゥオー

★ 洗 温泉：温泉に入る

672 日本には四季があります。

★ 季节：季節

日本 有 四 个 季节。
Rìběn yǒu sì ge jìjié.
リーペン ヨウ スー ガ チーチエ

673 日本の首都は東京です。

日本 的 首都 是 东京。
Rìběn de shǒudū shì Dōngjīng.
リーペン ダ ショウトゥー シー トンチン

674 日本は物価が高いです。

★ 物价：物価

日本 物价 很 高。
Rìběn wùjià hěn gāo.
リーペン ウーチャー ヘン カオ

675 日本のタクシーは少し料金が高いです。

日本 的 出租车 有点儿 贵。
Rìběn de chūzūchē yǒudiǎnr guì.
リーペン ダ チューツーチャー ヨウティアー クイ

13 中国人と会話する

中国人から聞かれる

676 こんにちは。私は劉紫媛です。お名前は？

你好。我叫刘紫媛。您贵姓?
Nǐ hǎo. Wǒ jiào Liú Zǐ'ài. Nín guìxìng?
ニー ハオ ウォー チャオ リュウ ツーアイ ニン クイシン

中国人に聞く

677 あなたは中国のどちらの出身ですか。

你中国哪儿的人?
Nǐ Zhōngguó nǎr de rén?
ニー チョングオ ナー ダ レン

678 あなたは北京出身ですか。

你是北京人吗?
Nǐ shì Běijīngrén ma?
ニー シー ペイチンレン マ

中国で中国人に質問される場合

679 中国へは初めてですか。

你第一次来中国吗?
Nǐ dì yī cì lái Zhōngguó ma?
ニー ティー イー ツー ライ チョングオ マ

680 この前はいつ中国に来ましたか。

上次你什么时候来中国的?
Shàngcì nǐ shénme shíhou lái Zhōngguó de?
シャンツー ニー シェンマ シーホウ ライ チョングオ ダ

★ 上次：この前

681 あなたはなぜ中国へ来たのですか。

★ 为 什么：なぜ

你 为 什么 来 中国?
Nǐ wèi shénme lái Zhōngguó?
ニー ウェイ シェンマ ライ チョングオ

682 あなたは中国に来てどれくらいですか。

你 到 中国 多 久 了?
Nǐ dào Zhōngguó duō jiǔ le?
ニー タオ チョングオ トゥオー チュウ ラ

683 あなたは中国にはどれくらい滞在する予定ですか。

你 打算 在 中国 呆 多 长 时间?
Nǐ dǎsuan zài Zhōngguó dāi duō cháng shíjiān?
ニー タースアン ツァイ チョングオ タイ トゥオー チャン シーチエン

684 あなたはどこで中国語を勉強しましたか。

你 在 哪儿 学 的 汉语?
Nǐ zài nǎr xué de Hànyǔ?
ニー ツァイ ナー シュエ ダ ハンイー

685 あなたは中国語を勉強してどれくらいになりますか。

你 学 汉语 学了 多 长 时间 了?
Nǐ xué Hànyǔ xuéle duō cháng shíjiān le?
ニー シュエ ハンイー シュエラ トゥオー チャン シーチエン ラ

686 あなたは中国語は難しいと思いますか。

你 觉得 汉语 难 吗?
Nǐ juéde Hànyǔ nán ma?
ニー チュエダ ハンイー ナン マ

132 中国人と会話する

14 性格

687 あなたは自分のことをどんな人間だと思いますか。

你觉得你是什么样的人?
Nǐ juéde nǐ shì shénmeyàng de rén?
ニー チュエダ ニー シー シェンマヤン ダ レン

688 あなたのボーイフレンドはどんな人ですか。

你的男朋友是什么样的人?
Nǐ de nánpéngyou shì shénmeyàng de rén?
ニー ダ ナンパンヨウ シー シェンマヤン ダ レン

★ 男朋友:ボーイフレンド

689 彼は賢いです。

他很聪明。
Tā hěn cōngming.
ター ヘン ツォンミン

690 彼は朗らかです。

他很开朗。
Tā hěn kāilǎng.
ター ヘン カイラン

691 彼はおとなしいです。

他很老实。
Tā hěn lǎoshi.
ター ヘン ラオシ

692 彼は勇敢です。

他很勇敢。
Tā hěn yǒnggǎn.
ター ヘン ヨンカン

693 彼は気短です。

他很性急。
Tā hěn xìngjí.
ター ヘン シンチー

694 彼女は頑固です。

她 很 固执。
Tā hěn gùzhí.
ター ヘン クーチー

695 彼女は真面目です。

她 很 认真。
Tā hěn rènzhēn.
ター ヘン レンチェン

696 彼女は正直です。

她 很 正直。
Tā hěn zhèngzhí.
ター ヘン チェンチー

697 彼女は優しいです。

她 很 温柔。
Tā hěn wēnróu.
ター ヘン ウェンロウ

698 彼は女性に優しいです。

他 对 女人 很 温柔。
Tā duì nǚrén hěn wēnróu.
ター トゥイ ニーレン ヘン ウェンロウ

699 彼女は泣き虫です。

★ 爱：よく…する

她 很 爱 哭。
Tā hěn ài kū.
ター ヘン アイ クー

700 彼女は外向的です。

她 很 外向。
Tā hěn wàixiàng.
ター ヘン ワイシャン

701 彼女は楽天家です。

她 是 乐天派。
Tā shì lètiānpài.
ター シー ラーティエンパイ

「鍛えチャイナ会話力！これを中国語でどう言うの？」キーワード索引

数字は例文の番号を示す

あ

相変わらず	16
アイスクリーム	403
合う	504
味	171
遊んで暮らす	369
暖かい	627
暑い	630, 637
アパート	84, 85
雨	610, 616〜620
雨がやむ	623
雨の日	619, 620
謝る	301
ありえない	349
ありがとうございます	231, 289〜293
ありふれた	43
アルバイトする	362
案内所	142

い

いくつですか	58〜60, 105
（〜時）以降	215
医者	119, 389
忙しい	297, 495
痛い	313
行ってきます	414
行ってらっしゃい	35, 415
犬の肉	175
意味	335, 336
飲酒運転	573

う

ウインドーショッピング	186
動くな	408
歌がうまい	559
腕時計	187
うまくいく	530
生まれる	51〜56, 529
うれしい	18, 19, 256〜258
（食べ物に）うるさい	164
運転がうまい	579
運転する	570, 571
運転免許	574

え

映画マニア	553
映画俳優	554
映画を見る	549, 550
映画を見に行く	551, 552
営業部	500
SF小説	446
遠視	323
演奏する	562, 563
遠慮なく	457

お

おいしい	159, 167, 172
おいしくない	173
応援する	604, 605
大食い	161
お帰りなさい	417
おかげさま	425

語句	ページ
（〜分）おき	134
お気の毒	284
お気持ち	285
起きる	210, 211
おくやみ	286
おすすめ	158
お世話	291
お世話になる	422, 423
お力添え	292
おっしゃる通り	341
おとなしい	691
驚く	281, 283
驚くべき	282
お疲れさま	418, 419
同い年	107
お腹がすいている	169, 170
お名前は?	36, 37, 39
おはようございます	4
お久しぶりですね	7
おもちゃ売り場	190
泳ぐ	600
お休みなさい	28
降りる	139
温泉	670, 671
音痴	558
音読する	447

か

語句	ページ
飼い犬	272
会議中	236
外向的	700
改札口	141
会社員	481
海水浴	599
快速電車	136
買物	183
買物に行く	185, 382
買物をする	184
会話	476
会話学校	454
顔色	302, 303
(時間が) かかる	226, 227
賢い	689
家事	115
火事	411
書く	45, 373
学割	145
風邪をひく	31, 316
歌手	120
家族	98〜101, 257
勝つ	607
ガソリン	585
ガソリンスタンド	108
がっかりである	275
楽器	562, 563
カットされる	491
角	152
悲しい	272, 273
通う	427
カラオケ	560, 561
考えすぎる	390
関係ない	268
頑固である	694
かんしゃくもち	269
広東料理	159
カンニングする	436
カンニングペーパー	437
乾杯	181, 182

漢民族	658
癌	110

き

聞き取り	476
聞き取る	477
机上の空論	355
貴重品	406
切符売り場	143
気分が落ち込む	620
気分が悪い	320
気短である	693
給料	262
教員免許	439
ギョーザ	177
近視	322
勤務時間	483, 484

く

空港	148〜151
靴	188, 647, 648
雲ひとつない天気	612
クラシック	568

け

経営する	108
携帯電話	244
化粧する	639, 640
血圧	310, 311
月給	487, 488
契約社員	498
結婚式を挙げる	524
結婚する	514〜518, 520
健康	182, 307

元気です	14, 305, 425
元気ですか	13, 101
元気でね	29, 30

こ

語彙	463
高校	118
交通事故	111, 581
コーヒー	420
故郷	75〜81
答える	377
骨董品	189
壊れる	207
こんにちは	1〜3, 5
こんばんは	6

さ

最近	9, 10, 12, 594
最後	333, 334
最初から	399
財布	409, 410
サッカー	121, 590
さばを読む	69
さぼる	433
寂しい	270
寒い	626, 632, 638
さようなら	21
騒ぐ	407
3LDK	87
賛成する	350, 351
残業する	493, 494
産地	79

し

試合	607
幸せ	182
自営業者	481
四季	672
四声	474
島国	664, 665
失業中	109
質問する	376
シャンパン	180
自由に	166
充実した	263
就職活動	495
就職が決まる	496
修理する	207
祝する	182
手術	309
出張する	419
出張中	239
首都	654, 673
主婦	114
趣味	566
上映する	556
正直である	696
小食	162
少数民族	658
上手である	116, 121
商談	472
冗談を言う	354
将来	119
上陸する	625
食欲	314, 315
ジョギングをする	596
女性	698
ショック	279, 280
知り合う	18, 19, 521, 522
人口	655, 656, 669
新聞を取る	448
新婚ほやほや	519
新婚旅行	525, 526
信じる	50, 277, 353
慎重である	580

す

スーパー	117
末っ子	124
スキーをする	598
涼しい	633
スケートをする	383
頭痛	312
スピード違反	572
スポーツ	587〜590, 597
すみません	295〜299
住む	82〜87

せ

姓	36, 37, 41〜43, 47, 48
正確な	200
正式名称	652
正社員	497
セーター	196
姓名判断	49, 50
接客する	237
設立される	653
説明する	399
ゼロ	492
専攻	429, 430

洗濯物	401

そ

そう言う	346
そう思う	345
そうですよ	343
そうとも言える	348
そうなの	337
そうなんです	338
素質	557
卒業する	364, 431, 432
その通り	342
そのまま	252
それでは	24, 25
そろそろ	199

た

大家族	100
大企業	499
太極拳	594, 595
滞在する	683
退職する	501
態度	266
第2外国語	452
台風	624, 625
タイヤがパンクする	584
タクシー	147, 675
タクシー乗り場	146
たたむ	401
ただいま	416
タバコを吸う	374, 375
食べすぎ	393
耐える	635, 636
たまには	391

単位	661, 662
誕生日	65, 66

ち

チーム	604
近いうちに	26, 27
中華料理	157, 158
中国語がうまい	455, 456
駐車場	85
直進する	153, 154
(〜時) ちょっとすぎ	219

つ

通学時間	224
通勤時間	223
通勤する	576
疲れている	306
付き合う	508, 509
勤める	480, 482
捕まる	572, 573
冷たい	634
伝える	243
つまらないもの	424
釣り	602

て

定年退職する	112, 113, 502
デートする	510
手書き	378
(値段が) 手ごろである	194
鉄筋コンクリート	91
デザイン	196
テスト	438
手取り	488

テニス	593
テニス歴	592
ではあとで	23
テレビ	453, 533〜539, 541〜547
テレビタレント	548
テレビ電話	547
テレビ番組	539
テレビを消す	542, 545
テレビをつける	541
テレビを見る	535〜538
テレビ局	482
天気	608, 609, 611〜613
天気予報	614〜617
転職する	506, 507
電話がある	243
電話に出る	228, 229
電話をかける	33, 231, 234, 242, 381
電話のかけ間違い	233
電話をかけ直す	240, 241
電話を代わる	253
電話をつなぐ	247
電話番号	234, 244

と

（〜歳で）通る	68
倒産する	109
どういたしまして	294
同感である	344
同居する	102
同情する	287, 288
得意	601
特産品	78
時計	201〜207
時計が遅れている	205, 206
時計が進んでいる	203, 204
時計をセットする	212〜214
どこ行き	133, 137
土砂降りの雨	621
ドライブ	575
トランペット	565

な

内線	248
泣き虫	699
泣く	273, 274
亡くなる	110, 111
夏休み	220, 221, 386
なぜ	681
名	41
名前	44〜46
名前をつける	44
鳴る	214

に

似合う	641
2LDK	86
逃げろ	412
日記をつける	467
日本料理店	160
荷物	396
ニュース番組	540
入院する	308
庭付き一戸建て	92

ぬ

盗む	409

ね

- ネクタイ······ 195, 651
- 値段······ 194
- 寝る······ 208, 209

の

- 飲みすぎ······ 393
- 飲み友達······ 367
- 乗り換える······ 140

は

- パートで勤める······ 117
- 吐き気······ 319
- 運ぶ······ 396, 398
- バス······ 127, 130〜134
- バス停······ 126
- パソコン······ 379
- 発音する······ 46
- 発見······ 282
- 発信音······ 254
- 初耳······ 340
- 派手すぎる······ 642
- 鼻がつまる······ 317
- 腹を立てる······ 264
- 離れる······ 75, 76
- 反対する······ 352

ひ

- ビール······ 176, 404
- 日当たり······ 97
- 日が短い······ 628
- 日が長い······ 629
- ピアノを弾く······ 564

- 秘訣······ 459
- ビジネスレター······ 471
- びっくりする······ 278
- 引っ越す······ 360
- 一人歩き······ 405
- 一人ぼっち······ 270
- 一目ぼれする······ 511
- 一人暮らし······ 104
- 表現······ 460〜462
- 平泳ぎ······ 601

ふ

- ファーストフード······ 165
- 夫婦······ 530
- 服代······ 645
- 二人暮らし······ 103
- 不注意······ 298
- 普通電車······ 135
- 物価······ 674
- 冬休み······ 222
- ブランド品······ 649, 650
- (〜ヶ月)ぶりですね······ 8
- プロポーズする······ 512

へ

- 部屋······ 93, 94
- 弁護士······ 372
- ベンツ······ 578
- 返品する······ 197

ほ

- ボーイフレンド······ 688
- ボーナス······ 489〜492
- 朗らか······ 690

欲しい	365〜369
ポップス	569
骨	392
ほとんど	538, 585
ボリュームをあげる	543
ボリュームをさげる	544
本当ですか	276
本を読む	442〜445

ま

まあまあです	15
毎週	552
マオタイ酒	178
（値段を）まける	192, 193
曲がる	152
真面目である	695
マスターする	370, 458, 459
また明日	22
（〜）までには	514
まねる	464
マンション	86, 87
満タンにする	586
満足している	261, 262
満面の笑み	260

み

見合い結婚	523
南向き	96
ミニスカート	641
民族	657

む

蒸し暑い	631
難しい	469, 474, 686

め

メール	33
目覚まし時計	212〜214
メッセージ	254
めまいがする	318
面積	659, 667

も

もう一度	329〜331
もうすぐ	62
木造	90
もしもし	230, 245, 246, 249
もちろんです	343
戻る	238

や

野球ファン	603
訳す	397
約束を破る	299
優しい	697, 698
家賃	88, 89
休みを取る	235
休みである	485, 486
やっと	20
やはり	622
夜分	250
やりがいのある	505

ゆ

勇敢である	692
有名である	77, 79
雪	617
夢	373

夢みたい……………………… 259
許す…………………………… 300

よ
よけいなお世話………………… 267
よだれが出る…………………… 168
予定……………… 356, 357, 359, 683
よろしく伝える………………… 34

ら
ラオチュー……………………… 384
ラジオ…………………………… 453
ラッキー………………………… 255
楽天家…………………………… 701
乱視……………………………… 324

り
理解する…………………… 460, 461
離婚する………………………… 531
離婚の原因……………………… 532
留学する………………………… 361
領収書…………………………… 198
リラックスする………………… 391

れ
恋愛結婚………………………… 523
連絡する………………………… 32
路線……………………… 131, 132

わ
別れる…………………………… 513

著者略歴

船田　秀佳（ふなだ　しゅうけい）
1956年岐阜県生まれ。
東京外国語大学外国語学部中国語学科卒業。
カリフォルニア州立大学大学院言語学科修了。
東京外国語大学大学院地域研究研究科修了。
現在、名城大学教授。

主要著書
『英語がわかれば中国語はできる』(駿河台出版社)
『英語で覚える中国語基本単語1000』(駿河台出版社)
『中学英語でペラペラ中国語』(駿河台出版社)
『３日間完成中国語検定２級直前チェック』(駿河台出版社)
『３日間完成中国語検定３級直前チェック』(駿河台出版社)
『３日間完成中国語検定４級直前チェック』(駿河台出版社)
『３日間完成中国語検定準４級直前チェック』(駿河台出版社)
『英語と日本人』(英友社)
『迷わず話せる英会話フレーズ集』(駿河台出版社)
『英語感覚の磨き方』(鷹書房弓プレス)
Drills for Listening and Dictation I, II（鷹書房弓プレス）
Useful Dialogs for Students（鷹書房弓プレス）

鍛えチャイナ会話力！
これを中国語でどう言うの？(CD付)

2009.9.10　初版発行

著　者　　船　田　秀　佳
発行所　　株式会社　駿河台出版社
発行者　　井　田　洋　二
　　　　　〒101-0062　東京都千代田区神田駿河台３丁目７番地
　　　　　電話　東京03(3291)1676(代)番
　　　　　振替　00190-3-56669番　FAX03(3291)1675番
　　　　　E-mail : edit@e-surugadai.com
　　　　　URL : http://www.e-surugadai.com

製版　㈱フォレスト